遅読家のための読書術

情報洪水でも疲れない「フロー・リーディング」の習慣

印南敦史

PHP文庫

○本表紙図柄＝ロゼッタ・ストーン（大英博物館蔵）
○本表紙デザイン＋紋章＝上田晃郷

はじめに

なぜ「1ページ5分」の遅読家が「年700本」の書評家になれたのか?

▼僕の読むスピードはどれくらい遅いか

「本が大好き。読みたい本がたくさんあるけど、読書時間が全然とれない……」

「仕事で読まないといけない本があるのに、私の読書スピード、遅すぎ……」

「読書量がめっきり減った。『今日こそ読むぞ』と思ったけど、もう眠い……」

「自分は本を読むのが遅い」と感じている人って、かなり多いみたいですね。

いわゆる「速読本」が次から次へと出てくるのも、それだけ多くの人が「読書スピード」に悩んでいるからなのでしょう。


僕自身もずっとそのことで悩んできたので、気持ちはものすごくよくわかります。

一方で、僕はいま**書評家**として「ライフハッカー［日本版］」（以下〈ライフハッカー〉）「ニューズウィーク日本版」「東洋経済オンライン」「サライ.jp」「マイナビニュース」など複数の情報サイトに、月60本近くのブックレビュー記事を寄稿しています。

1カ月に読む本の数は、実質60冊以上。かなりのペースで読書をしています。

「すごいですね！　私なんて読むのが遅いから、60冊なんて絶対無理です。おまけに、内容についてレビューまで書くなんて……考えられません！」

よくそんなことをいっていただけるんですが、なにを隠そう、**僕もかなりの「遅読家《ちどくか》」です**。

ちょっと試しに、手元にあった翻訳もののビジネス書で計測してみたところ、**1ページを読むのにだいたい5分弱かかりました。**

ボーッとしながら読んでいると、10分近く過ぎていることもあります。

最後の行を読み終えたあたりで、「(あれ? この10行くらいの記憶がまったくないぞ)」と気づいて読み返したり、「(いや、その前から全然、頭に入っていないな……)」と思い直して前のページまで戻ったり……。

放っておくとそんなことばかり繰り返しています。

あまり認めたくはないんですが、本当に**「驚くべき遅さ」**なのです(みなさんのほうが、もう少し速いかも……)。

とはいえ、こういう話をすると、「あるある!」「それ、オレのこと!」という反応が意外に多いのもまた事実。多かれ少なかれ、これが一般的な読書のスタイルなのでしょう。

僕自身、数年前まではこの読み方があたり前だと思って読書をしていました。

　でも、とてもじゃありませんが、これでは月60冊など不可能です。

　そんなわけなので、２０１２年の夏に当時の「ライフハッカー」編集長から「ウチのサイトで毎日1本、書評記事を担当してもらえませんか？」といわれたときは、内心かなりドキドキしていました。

　いまだからいえますが、「ぜひやらせてください！」なんて返事をしながら、頭のなかでは「（**1日1冊なんて読めるわけないよ……**）」と思っていたわけです。

　それがいまでは、4つのサイトに月60本の書評……。単純計算でも**年間700冊以上のペース**ですから、自分でも「マジかよ？」と感じているのが率直なところです（２０１６年2月時点。２０２１年6月現在寄稿しているサイトについては巻末を参照）。

▼元・遅読家として考えた遅読家のための読書術

本書は、「過去の僕と同じような悩みを抱えている人」のための読書術の本です。

「元・遅読家が書いた読書術？……それってどうなの？」

ちょっと心配になりましたか？　たしかに**「読書本」の著者というのはほとんどの場合、「読書が得意な人たち」**ですよね。自分の読書能力に疑問を感じることすらなく、「すらすら本が読めてしまってきた優秀な人たち」だといえばいいでしょうか。

ですので、この本に価値があるのだとすれば、「本を読むのが苦手だった人間が、それを克服した方法を書いている」という点だと思います。

で、結局のところ、僕にいったいなにが起こったのか？

▼速読術というより、「正しい流し読み」

お断りしておきますが、速読術の本を買い漁って読んだり、怪しげなセミナー・教材に手を出したりしたわけではありません（そういうのは苦手です）。

詳細は本文に譲りますが、ここであえてひとことにまとめるなら、**「本を読むという行為」についての発想を転換させてみた**のです。

実のところ僕たちは、かなり強固な「先入観」を読書に対して持っています。

ですから、読書という行為を自分のなかでどう位置づけ、どのように本と向き合っていくか次第で、読むスピードはいくらでもコントロールできるようになるのです。

もちろん、相応のテクニックとかコツは必要なんですが、それ以前にまず「考え方」を変えれば、**どんな人にも1日1冊ペースで本を読むための素地はつくれます**。

なによりも、これができると読書がかなり楽になります。

「無理してがんばって読書している」という感覚がほとんどなくなるのです。

ここでおわかりのとおり、僕がこれから語る読書術というのは、「眼球運動のトレーニング」とか「高速ページめくり」といった、いわゆる「速読術」っぽいネタとはかなりノリが異なります。

その手のメソッドを期待されている方には、お気に召さない可能性大ですので、どうかご注意ください‼

▼「読書量が減った！」の超シンプルな原因

先日、ある方からこんな話を聞きました。

「印南《いんなみ》さんはたくさんの本が読めてうらやましいですよ。私も学生時代はけっこう読書家だったんですが……ここ数年はますます読書量が減っています。でも、忙しくてなかなか時間がとれないし、そもそも読むスピードが遅い……」

「**昔は本をよく読んでいたのに、最近になって読む本の数が減った**」という人も本当に多いですよね。といっても、みなさん原因はよくわかっているはず。

それは間違いなくスマートフォンの影響です。スマホでＳＮＳやウェブニュースを見るようになって以来、多くの人の「読み方」が気づかないうちに変化しています。圧倒的な量の情報が洪水のように画面に流れ込んでくるので、かつてのような「文字の追い方」をしていては間に合わないわけです。

そのため、意識的にかどうかは別にして、**ほとんどの人が「真剣に読まない（いい加減に読む）習慣」をここ数年で身につけてきている**ということ。

「読書量が減った」「本が読めなくなった」といっている人は、そうした「新しい読み方」と「これまでの読み方」とのあいだで真っ二つに引き裂かれているのです。

そしてこの葛藤は、完全なスマホ世代を除いたすべての人が味わっているものでもあります。

脳が「新しい読み方」に馴染みはじめているのに、本だけは「これまでの読み方」を押し通そうとする——これが猛烈なストレスを引き起こしているということなのでしょう。

これまでどおり真面目に本を読もうとする「本好きな人」ほど、本を読むのがつらくなってきている。それが**新しい意味での「遅読家」**の現実なのかもしれません。

▼どちらの「読み方」を選びますか？

そこで僕たちに残された道は2つ。
ますます本が読めなくなっていく自分を、このまま放置して進み続けるか。
それとも、「新しい読み方」を身につけて、たくさんの本を味わう人生を取り戻すか。
前者の道を選ぶ人がいても全然いいと思います。僕は、「本を読んで、現代を生き抜く教養を身につけよう」とか「読書こそが『できる人』になるための王道だ」といった立派なことを説ける人間ではありませんし、本なんか必要とせずに楽しく生きている人もたくさん知っているからです。

でも、少なくとも僕個人は「本を読まない人生」よりも「本を読む人生」のほうが、はるかに楽しいと思っています。

たとえば僕が、いまやっている「年間700冊ペースの読書生活」をこのまま10年続ければ、7000冊の本を読むことになります。「7000冊の本が自分のなかを流れていく」なんて、想像しただけでもちょっとワクワクしてきませんか？

いま、ちょっとでもワクワクしていただけた人、なんとなく興味が湧いてきた人に向けて、この本は書かれています。

読書によって頭がよくなるとか、仕事ができるようになるとか、お金持ちになれるとか……この際、そういったことはいわないでおきましょう。

読書そのものの楽しみを知っている人、だけど、現状の読書量や読書スピードに不満を感じている人に役立つ考え方やメソッドを、自分なりの観点でこの1冊にまとめたつもりです。

1ページ5分近くかかる僕だってなんとかなったのですから、どんな遅読家でもきっと大丈夫！

さて、さっそく本論にまいりましょう。

遅読家のための読書術　目次

はじめに

第1章　なぜ読むのが遅いのか？

――フロー・リーディングの考え方

第2章 なぜ読む時間がないのか？

――月20冊の読書習慣をつくる方法

第3章 なぜ読んでも忘れるのか？

——読書体験をストックする極意

第4章 流し読みにもルールがある
——要点を逃さない「サーチ読書法」

第5章

本とどう出会い、どう別れるか

——700冊の選書・管理術

第1章

なぜ読むのが遅いのか？

フロー・リーディングの考え方

遅読家に共通する
たった1つの「思い込み」

▼どれくらい「熟読」してますか?

僕は本を読むのが遅い人間です。注意していても、つい何度も同じ行を読み返してしまうし、ぼーっとしていて内容が全然頭に入っていないときもあります。

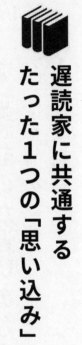

遠い昔に流行った水前寺《すいぜんじ》清子《きよこ》さんの「三百六十五歩のマーチ」に「三歩進んで二歩さがる」というフレーズが出てきますが、まさにそんな感じ。

冗談ではなく、「自分の脳に問題があるのでは……?」と悩んだことすらありますが、しかしそうこうするうちに、速く読むコツを身につけることができたのでした。

その結果、いまではブックレビュー用の本を1冊あたり平均20～30分くらいで読み通し、約60分かけて記事をまとめられるようになっています。

そこでまずお伺いしたいのですが、**みなさんは本を読むとき、どこまで「深く」読んでいるでしょうか？**

熟読しようとすると極端な「遅読」になってしまう僕は、一定のスピードを保ちながら熟読できてしまう人たちを本当にうらやましく感じます。

かつては熟読の精度を高めようと何度も努力した時期もあったのですが、一向にスキルが上がることはありませんでした。

そうなると、必然的に気持ちは「自分には能力が欠けているに違いない」というほうに向かいます。本好きでありながら、本と向き合うことは僕にとって、自分の欠点を痛感する行為でもあったのです。

ところが、毎日1冊を読んでブックレビューを書く生活がはじまってみると、少しずつ変化が現れてきました。まず直面したのは、「しっかり読まないと……」みたいなことをいっていては原稿の締め切りに間に合わなくなってしまうという問題です。サイトの編集者が翌日の記事のための原稿を待っているので、それなりのペースでページをめくっていかざるを得なかったわけです。

▼じっくり読み込んでも「忘れること」は忘れる

また、レビュー記事を書きはじめて気づいたことがあります。それは、「**いくら熟読しても、実際には忘れていることのほうが多い**」という現実。読むスピードと理解度・記憶は、まったく比例しないということ。つまり、

「書評を書くのだから、ゆっくりじっくり読まなければ……」というのは大いなる勘違いであり、ゆっくりじっくり読んだからといって、内容がよりしっかり頭に入るわけではないのです。

ここはかなり本質的な点です。

そりゃ世の中には類《たぐい》まれなる理解力・記憶力を持った人もいますから、そういう人はたった1度の熟読だけで深い読書体験ができるかもしれません。しかし、おそらく大半の人は、本を1回読んだくらいで内容を完璧にインプット↓記憶するなんてできないはず。

とはいえ、ここでガックリくる必要はありません。「頭に入っていないことのほうが多い」ということは、裏を返せば、「**忘れていないもののなかに、自分にとって大切な部分が凝縮されている**」ということだからです。

「なにか」が頭の片隅に残っているのだとすれば、少なくともその部分が自分にとって必要だということ。その本から得られる価値のすべてはまさにそこにあり、1冊を読み通したことの意味は、その一節に出会えたことにある——そういってしまってもいいと僕は信じています。

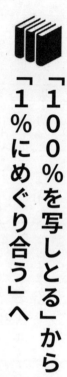

「１００％を写しとる」から「１％にめぐり合う」へ

▼「その１冊」を読んだのは「その１行」に出会うため

「本とは、『著者の頭の中身』を忠実に再現したもの」
「読書とは、それを自分の脳に忠実にコピーすること」

このような考えに縛られている限り、どこまでも読書とは「本の内容を覚える行為・忘れない行為」であり続けるでしょう。その結果、多くの人たちはストレスを感じながら、本の内容を頭のなかに詰め込もうとがんばっているわけです。

しかも（非常に残念なことに）熟読して覚えた〝つもり〟になっていることの多くは、時間の経過とともに（しかもごくごく短時間のうちに）記憶から消え去っていくものでもあります。結局のところ、**「すべてを頭に叩き込むことを前提とした読書」ほどムダなものはない**のです。

ご自身の読書体験を振り返ってみてください。「強く感動した！」「大きな影響を受けた！」という本のうち、1ページでも「しっかり覚えている部分」はありますか？

覚えているのはせいぜい一文とか二文、あるいは「なにが書かれていたかはあまり思い出せないが、『とてもいい本だったという事実』だけは覚えている」というのが現実的なところではないでしょうか？

そんなところからもわかるとおり、**読書の本当の価値は、書かれていることの「100%を写しとる」ことではなく、価値を感じられるような「1%に出会う」こと**にあるわけです。

▼「スピードが遅い」のではなく「熟読の呪縛」が邪魔している

これが本書の基本となる「読書の考え方」です。

でも、実はこれって、習慣的に大量の本を読んでいる人たちにとっては、けっこうあたり前の感覚なのではないかと思います。したがって「自分は遅読家だ」と感じているみなさんも、まずはこうした**「熟読の呪縛」**から抜け出すところからはじめていただきたいのです。

ここで1つの結論めいたことをいっておけば、つまるところ、遅読家というのは能力の有無ではなく、読書のとらえ方に由来しているのです。

「本を速く読める人」と「遅くしか読めない人」がいるのではありません。「熟読の呪縛から自由な人」と「それにまだとらわれている人」がいるだけなのです。

大切なのは、その本を読んだ結果として、知識や発見のひとかけらが頭のなかに残ること。ほんの断片でもいいのです。なにか印象的なことが1つでも残ったなら、その読書は成功したと考えるべきです。「全部残さず取り込んでやろう」などと意気込む必要はなし。

▼「たった1回の読書」に期待しすぎなのでは？

さらにいえば、こういう考え方もできます。

１冊の本を１週間かけて熟読しても、１カ月後には「１％」しか残らないのだとしましょう。だとしたら、同じ１週間で10冊の本をすばやく読んで、１年後に「10％」を得たほうがいいと思いませんか？

１冊を深く読むのではなく、**たくさんの本から「小さなかけら」を集めて、「大きなかたまり」をつくっていく**。それが遅読家の人に決定的に欠けている発想なのです。

小さなかけらが集まってくると、それらは次第につながっていき、より大きな知識として成長していきます。イメージとしては、組み立てブロックの「レゴ」でなにか大きなものをつくる感覚です。

１冊を熟読していきなり大きなブロックを手に入れようとするのではなく、まずはたくさんの本をすばやく読んで手持ちのブロックの数を増やす。

レゴで遊ぼうと思ったら、一定の数のブロックがないと楽しめませんよね？

「読書がなかなか楽しくならない」という人は、そもそも手持ちのブロックが少なすぎて、そこから新しいものが組み上がっていく醍醐味をまだ味わえていないのです。

「音楽を聴く」ように「本が読める」ようになる

▼「聴く」と「読む」は似ている

とはいえ、この読書論に反発を覚える方もいらっしゃるだろうと思います。

そこで、ちょっと別の方向からお話をしてみましょう。

僕はもともと、誰も名前を知らないような広告代理店でコピーライターをしたりしていた人間です。その後、二足のワラジで**音楽ライター**をはじめ、音楽専門誌の編集部で働いていました。独立してからは、一般誌を中心にフリーランスライターとして20年以上活動してきましたが、いまでも音楽は大好きで、定期的にDJイベントなども開催しています。

本書は読書の方法に関する本ですが、音楽に関する話題がちょくちょく出てきます。それは、僕の「書く仕事」の原点が音楽ライターだから……ということもなくはないのですが、それよりも大きな理由があります。いたってシンプルなことで、つまり本も音楽も、いまの自分にとっては感覚的に同列だから。

「読むこと」と「聴くこと」には、意外と共通点が多いと考えているのです。

音楽は好きですか？　なんのために、どうやって音楽を聴いていますか？

ほとんどの方は、気持ちを落ち着かせたり、盛り上げたりするために、自分がリラックスできる環境で気ままに聴いているのではないかと思います。歩きながらとか、電車に乗りながら、車を運転をしながら、食事をしながらという方もいらっしゃることでしょう。

なかには、「神経を集中させ、一音たりとも逃さずに聴こうとしている」という方もいるかもしれませんが、「（よし、音楽を聴くぞ！　まずはイントロ、次にAメロ！）」なんて人には、僕は会ったことがありません。もっと自然体に、音が自分の中に入ってくるのを「待っている」はずです。

実は本書も、これと同じように**「音楽を聴くように本が読める」**状態をつくっていくことをゴールにしています。

▼音楽を「記憶しよう」とする人はいない

リラックスして音楽をBGM的に聴き流しているとき、僕たちは細かいフレーズや旋律などを大量に「聴き逃《のが》して」いるものです。

昔から聴き慣れた曲のはずなのに、あるとき急に「あれ、ここってこんな音が入っていたっけ?」と気づくことがありませんか? でも、それは当然の話。耳に入ってきたすべてのメロディ、体が感じたあらゆるリズム、細部に盛り込まれた音、それらを全部まるごと記憶しようとしたところで、そんなことは不可能なのですから。

なにより、それでは音を楽しめません。そもそも、自分のなかに入ってきた音を「知識としてため込もう」とするのではなく、**音が自分のなかを通り抜けていくこと自体が心地いい**のです。少なくとも僕はずっと、そうやって音楽と接してきました。

ただ、ここには重要なポイントがあります。たとえどんなに音楽を聴き流していたのだとしても、やはり「残る音」はあるはずだということ。メロディなのかリズムなのか、はたまた歌詞なのかはわかりませんが、音楽は僕らの心になにかしらの作用を及ぼして、なにかを残していくものなのです。

音の配列をすべて記憶しているとか、楽器で完璧に再現できるとか、歌詞を暗記しているといったことは、音楽を聴く本来の目的ではないはず。そうではなく、**聴いた結果として自分のなかに生まれたものが、その音楽の根本的な「価値」**なのではないでしょうか。

もう、ため込まない。フロー・リーディングとは？

▼なぜ読書のときだけは「お勉強」になるのか？

ずいぶん音楽の話をしましたが、いいたいことはもはやお察しのとおり。

そう、読書にもまったく同じことがいえると僕は考えているのです。

音楽は、必ずしも堅苦しいものとは思われていません。

基本的には「楽しむもの」であり、「落ち着くためのもの」であり、「アガるためのもの」でもあり、つまりは生活者と近い距離にあるわけです。

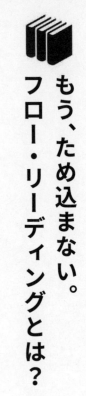

音楽はカジュアルに楽しめるのに、どうして本を前にすると僕らは身がまえて、変に生真面目《きまじめ》になってしまうのでしょうか？　音楽を聴くときみたいに、もっと気軽に受け入れるわけにはいかないのでしょうか？

遅読家というのは、読書に対する「真面目さ」を捨てきれない人のことです。

「熟読の呪縛」の原因は、おそらく学校教育にあります。

「作者のいいたいことを正しく読みとる」とか「主人公の気持ちを選択肢から選ぶ」といった教育を受けているうちに、「本を読むという行為は、著者の意図を一字一句、正しく理解し、それを頭のなかに写しとることである」という不文律のようなものを植えつけられてしまっているのです。

なにかのきっかけでその呪縛が外れた人（または最初から外れている人）

は、もっと不真面目に、自分に都合のいいように本を読んでいます。

一方、熟読の呪縛にとらわれている人は、まるで教師の解説や板書を逐一ノートに書き写す生徒のように、本の内容をせっせと頭にコピーしようとしている。

だけど、その努力って報われるのでしょうか？

読書について、重たく考えすぎじゃないでしょうか？

ましてや、いまの時代はメディアのあり方自体が激変し、僕らの「読み方」「聴き方」そのものも変化しています。ネットニュースやSNSの「いい加減な読み方」のほうに慣れてきてしまっているのに、本の読み方だけは以前のかたちを貫くというのは、ちょっと難しい話なんじゃないでしょうか？

「本に対して真面目な人ほど、これからますます読書できなくなっていくのではないか」と、ちょっと気になっています。

▼積ん読に悩む現代人の「ため込まない」読書法

そこで、僕が本書で提唱するのが**「フロー・リーディング」**です。「フロー（flow）」とは「流れる」という意味の英語です。簡単にいえば、フロー・リーディングとは、「その本に書かれた内容が、自分の内部を〝流れていく〟ことに価値を見出す読書法」です。

その対照としてあるのが、「ストック」型の読書法。これは、本に書かれていることを頭のなかに「貯蔵」することに重きを置いた従来型の本の読み方です（経済や会計を学んだことがある人は、フローとストックの対比はイメージしやすいのではないでしょうか？）。

フロー・リーディングは、**膨大な情報が押し寄せてくる時代に最適化された**

「ため込もうとしない読書」です。

本書では、これを実践していただくための方法を、テクニック・習慣・環境づくりなどの角度から解説していきます。

▼「ストック」へのこだわりを捨て、多読生活への一歩を踏み出そう

とはいえ、この段階ではまだまだ「しっかり知識を取り入れてこその読書だ！」という人のほうが多いことでしょう。

実際、日常的に読書をする習慣が身についており、たくさんの知識を習得できている人にとっては、本書の方法はあまり役に立たないかもしれません。この本のメソッドが有効なのは、そうした「読書エリート」の方ではないのです。

『ため込まない読書』に切り替えよう

「ため込む読書」にとらわれているがゆえに、部屋の片隅に「積ん読」の山ができてしまっている人……。

新たに読みたい本を書店で見かけても、「まだ読んでない本がいっぱいあるし……」などと思って、買うのを躊躇《ちゅうちょ》してしまっている人……。

そういう人には、きっと効果を発揮するはずです。「ちゃんと読んで『インプット』しなきゃ……でも、気分が乗らないな」なんて思っているくらいなら、さっさとその本を自分の頭のなかに「流し込む」べき。本を有効活用する道筋は、そこからスタートするからです。

では、そのためになにからはじめればいいのか？

それを次の章で掘り下げていくことにしましょう。

第2章

なぜ読む時間がないのか？

月20冊の読書習慣をつくる方法

月20冊があたり前になる「多読リズム」への3ステップ

▼読書を「生活のリズム」に組み込む

アメリカのＲ＆Ｂシンガー、オリータ・アダムスが１９９０年に発表した『Circle of One』というアルバムの冒頭に、「Rhythm of Life」という曲が収録されています。ゆったりと心地よい、当時のシングル・ヒット。30年以上を経たいまでも大好きなのですが、実をいうと、曲そのものと同じくらい好きなのが「曲名」です。

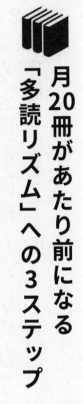

「人生のリズム」＝「生活のリズム」という意味ですから、別になんてこともないタイトルではありますが、なにかをするときには（そして生きていくうえでも）「リズム」は本当に大切。読書という行為にとっても〝Rhythm of Life〟という考え方はとても大きな意味を持ちます。

端的にいえば、**「本を読みたいのに、なかなか読めない」という人は、読書を「生活のリズム」のなかに組み込むことに失敗しているのです。**食事や睡眠のように生活の一部になっていないわけです。

あるいは、ウォーキングやランニング、それ以外の趣味などで、すでに習慣化に成功しているものがあるのに、読書を「なにか特別なもの」だと捉えてしまってはいないでしょうか？

そこで、ここからは読書を「習慣」にするための考え方について、３つのステップでお伝えしていきたいと思います。

読書習慣をつくるステップ①

「毎日・同じ時間」に読むようにする

▼読書時間の「枠」をまず押さえてしまおう

読書に限らず、なにかを習慣化するうえでの極意は、**毎日・同じ時間帯に行うこと。**

「ご飯を食べる日と食べない日がある」という人は、あまりいないと思います（もしそうなら改めることをおすすめします……）。それと同じで、読書のリズムをつくりたければ、まずは「穴」をつくらないようにする。これは書評家として「仕事」で読書するようになって以来、強く実感していることです。

また、毎日読むにしても「同じ時間帯に」読むことが大切です。

多くの小中学校が取り入れている、**「朝の10分間読書」**という運動があります。「朝10分間だけ読書に集中する」「どんな本を読んでもOK」「感想文を目的としない」などの特徴があるようですが、これはとても意義のあることだと思います。

学校が主導する強制的なことではあるけれども、読みたいものを読めるのだから、生徒たちは読書の楽しみを実感できるし、「読書のリズム」をつくるうえでも、とても理にかなっているからです。

なにより、「10分間」と時間を区切っていることに意味があります。どう考えても本を読む時間としては短すぎますが、だからこそ「また明日も読みたい」という気持ちを高められる。そして、「たった10分間」だからこそ、それを習慣化できる。すなわち〝Rhythm of Life〟にできるわけです。

▼「時間帯・シーン」をそろえて、脳に「習慣」だと勘違いさせる

読書を習慣化するうえで、**時間帯を決める**ことは決定的に重要です。「仕事をはじめる前の10分間」「昼食後の10分間」「就寝前の10分間」など、読書する時刻を自分のライフスタイルのなかに設定する。それが〝Rhythm of Life〟への第一歩なのです。

ちなみに個人的には、頭をスッキリさせられる**朝の時間**がおすすめ。逆に、夜寝る前は、酔っていたり眠かったりでリズムが乱れがちなので、習慣化しづらいと思います（これについては、またのちほど）。

また、同じくらい大切なのが、**読書の場所、シーン、シチュエーションを決めること**です。「自宅のこの場所」「このカフェのこの席」「始業前のオフィス」といった場所だけでなく、「読む前にコーヒーを淹《い》れる」「好きな音楽をかける」「窓を開けて外の空気を入れる」などのシチュエーションを「そろえる」ことも意識してみましょう。

読書習慣をつくるステップ②

「速く読める本」を中心に選ぶ

▼ストーリーコンテンツは速く読んでも意味がない

「穴を空けずに毎日読むべき」というお話をしました。

ここで重要なのが、「どんな本を選ぶか」です。読書を習慣化したければ、「読みたいかどうか」だけでなく、**「速く読めそうか」**という基準でも本を選ぶようにしてみましょう。

本は3種類に分けられます。

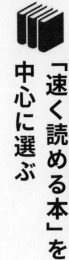

①　そもそも読まなくていい本
②　熟読の必要がある本
③　速く読める本

「①読まなくていい本」とはいかにも著者に失礼な話ですが、それは価値がないという意味ではありません。そうではなく、「自分にとって必要ではない本」だということ。ほかの人にとって価値があるかもしれないけれど、自分向きではないというだけの話です。

自分に向かない本を読むとしたら時間を浪費することになりますから、読まずに済ませようという考え方。

本書の対象となるのは「③速く読める本」ですが、「②熟読の必要がある本」が存在するのも事実です。これには２種類があります。

1つは、小説のように「ストーリーがあるコンテンツ」です。エッセイとかマンガ、絵本もこのジャンルに入るでしょう。いうまでもなく、小説はプロット（筋）が重要な意味を持つ読み物ですから、飛ばしながら読むわけにはいきません。また、映画を早送りで観たい人が少ないのと同じように、コミックや絵本を急いで読みたいという人はそれほど多くないはず。

ですからこの種の本を読む際、僕たちのような遅読派には相応の時間が必要になるのです。

▼書評家として読む本の9割は「速く読める」もの

もう1つの「速く読む必要がない本」は、こういっては元も子もないですが、自分がゆっくり読みたいと思う本です。

僕の場合は、どちらかといえば翻訳書に多いのですが、構成がしっかりとしているためつまみ食いが困難で、ページを1枚1枚めくるのが楽しみになってくるような、重厚感のあるタイプ。そんな本ばかりを読んでいたら仕事になりませんけれど、100冊に1冊くらいはそういうものに出会います。

逆に、全体を貫く「線」の要素が少なく、**どこから読んでも相応の価値を見出せる「切れ目」が多いことは、「速く読める本」**の特徴でもあります。

さて、これら2タイプの本については僕もかなりゆっくり読んでいますが、ここでお伝えしたいのは、**「速く読む必要がない本」は、決して多くない**ということです。

僕の場合、月60冊くらいのうち、せいぜい2～3冊程度で、割合にすると全体の5％以下といったところでしょうか。つまり、書評家としての僕が読んでいる本の9割以上は「速く読める本」だというわけです。

▼充実した多読生活は「9対1の法則」がカギ

読書を習慣化するうえで重要なのは、**「速く読める本」をたくさん読むよう**にすることです。

ゆっくり読みたくなるような本だけでなく、さっと読了できるような本も自分の読書リストに入れておくのです。なぜなら、次々といろいろな本を読む環境をつくることで、「前に進んでいる感じ」をつくり出すことができるから。読み終わった本がどんどん増えていく感覚が、読書を習慣化するうえで欠かせないモチベーションにつながっていくということです。

目安としては、**「速く読める本」が9割、「速く読む必要がない本」が1割の比率**。この「9対1」の割合を意識しながら、読む本を選ぶようにしてみてください。

また、**複数冊を同時に読む**ことも効果的です。「速く読む必要がない本」を読んでいるときにも、同時に「速く読める本」も用意しておくようにするのです。

たとえば、読書時間を60分間と決めたなら、最初の30分間にはゆっくり読む本、残りの30分間には速く読む本というように振り分けます。こうして時間を区切りながら複数冊を同時に読むと、それぞれの本を集中して読みやすくなりますので、ぜひ実践してみてください。

読書習慣をつくるステップ③

「昨日とは違う本」をいつも読む

▼なぜ通勤カバンに同じ本がずっと入ったままなのか？

「同じ本が読みかけのまま何日も（下手すると何週間も？）バッグのなかに入ったまま」という人はいませんか？

「時間ができたら読もう」と思いながら、ついスマホでニュースをチェックしてしまったり、「読むぞ！」と思っていざページを開いたら、途端に眠くなったりして、全然読み進められないとか。いわば「カバン内積《つ》ん読《どく》」の状態です。

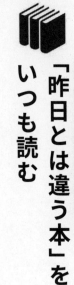

これは「読書を習慣化したいのにできていない人」に共通して見られる特徴です。そしてカバンのなかの「積ん読」本がずっと気になっている人は、どんどん読書に対する苦手意識が積もっていくことになります。

「1冊の本に10日以上かかりきりになっている状態」は望ましくありません。

これは読書を楽しむための原則です。前項でも書いたとおり、時間をかけて読む本があってもいいのですが、そういうときも必ず「速く読める本」を別途用意し、それと並行して読み進めていくようにするべきです。

なぜなら、「ゆっくり読みたい」と感じるようなおもしろい本であろうとも、10日もかけて読んでいれば、必ずどこかで「飽きてくる」からです。あるいは「苦しくなってくる」からです。したがって習慣化するためには、飽きないための、苦しくならないための仕組みが必要になってくるのです。

どんなおいしいお米が手に入っても、白いご飯だけを何カ月も食べるのはかなり苦しいと思います。1日で食べきれるような食材も合わせて用意し、ご飯と一緒に味わうようにしたほうが食生活も充実しますよね。それと同じです。

▼「1日に1冊」読み切ると、はるかに深く理解できる

できれば、**本は「1日で1冊読み切る」のが理想的**です。毎日違う本が自分のなかを通り抜けていく状態をつくるのが、フロー・リーディングの基本的なかたち。僕自身、ブックレビューを書くための本は、必ず1日で読み切るようにしており、絶対に次の日に「持ち越さない」ように心がけています。

ですから、最初に時間を区切り、その時間内に味わえる価値だけに集中するほうがいいかもしれません。「熟読の呪縛」に縛られている人はぜひ、**「10日間のダラダラ読みより、60分間のパラパラ読み」**を意識してみてください。読書

体験のクオリティが一気に高まるはずです。

フロー・リーディングは「知識の習得」を本来の目的としているわけではありませんが、学習的な観点からしても、何日もかけてダラダラと本を読むのは効率がよくありません。年間７００冊以上も本を読むようになって気づいたことですが、意外なことに、**１時間ですばやく読んだほうが、本のポイントがしっかりと記憶に残っていることが多い**のです。

逆に、ウンウン唸りながら1カ月くらいかけてようやく読み終えた本って、「結局、なにが書いてあったんだっけ？」ということになったりしませんか？

この差はどこから生まれているのか？

それは「読書密度の違い」と「全体観の有無」だと思います。長期間かけた熟読は単位時間あたりの読書の密度が低いうえ、その本の全体像が見えづらくなりますから、結果的には非常に「薄い」読書体験しか残らないことになります。

これは、音楽を超スローで再生してしまうと、どんな音楽なのかよくわからなくなってしまうのに似ています。それぞれの曲に固有のテンポがあるのと同じように、それぞれの本も適切なスピードで読まれることを求めているのです。

読書習慣でつくる新しいライフスタイル

▼「夜の読書」は習慣化しづらい

「朝の10分間読書」の取り組みの話を57ページで書きましたが、やはり**読書のゴールデンタイムは「朝」です。**

……と、偉そうなことをいっておきながら、実は僕も、10年近く前までは典型的な「夜型」でした。いま振り返ってみればただの思い込みなんですが、夜になると頭が冴えるような気がしていたため、必然的に仕事のピークが深夜になっていたのです。

しかも、ひと仕事終えたあとにチビチビとお酒を飲みはじめたりするので、またムダにエンジンがかかってきて、いきなり読書をはじめてしまったりするわけです。ところがこの時点でかなり酔っていますから、うたた寝をしながら読み続けたりもする。当然のことながらそんな状態では、本の内容をまともに咀嚼《そしゃく》できるはずもなく、結局はただ時間を浪費していただけだったのでした。

そのように自堕落《じだらく》な読書をずいぶん続けていたのですが、ある日なんとなく早く寝たところ、次の日に早く目が覚めたのでした。そこで、なんとなく朝早くから仕事をしてみたら、これが驚き。とんでもなく効率がよかったのです。

それ以来、僕は完全な「朝型」に移行しました。夜はなるべく早く休み、早く起きて朝7時台から読書や仕事をはじめています。正直なところ、過去の自分に説教したいくらいの気持ちです。

▼iPhone活用で間違いなし！　超集中の寝起き「ベッド読書」

すでに紹介した「毎日・同じ時間に読む」を軌道に乗せたいのであれば、まず朝がおすすめです。とくにいいのは「**目を覚ましてすぐの時間**」。目が覚めたらすぐに起き上がらず、あえてそのままベッドに寝転がりながら10分間だけ本を読むのです。すると、たったそれだけのことで頭がスッキリします。

より実践的な方法として、iPhoneのアラーム設定を工夫する方法があります。

朝7時に起きて活動したい場合、こんなふうにアラーム時刻を設定します。

・6時49分　目覚まし時計の音　↓　読書開始
・6時50分　好きな音楽（読書用ＢＧＭ）↓　音楽を聴きながら読書
・7時00分　目覚まし時計の音　↓　読書をやめて起きる

10分間とはあまりに短いように感じるかもしれませんが、こうして最初に時間を区切ったほうが集中力は高まります。

逆に、「毎朝1時間は本を読むぞ」といきなり決意するのはなかなか大変。まずは毎朝10分でいいので、「毎日読む」のが「普通」になるまで、この習慣を続けてみてください。

「熟読の呪縛」にとらわれている方は、「寝ぼけた状態で本を読むなんて、いい加減すぎ！」と感じるかもしれません。でも逆にいえば、寝起きの頭で寝転びながら本を読むという体験そのものが、その厄介な呪縛を解くためにはきわめて有効なのです。

朝が弱くてなかなか起きられないという人も、この**「寝起き10分読書」**を身につければ、寝起きでいちばんつらい10分間のうちに意識が覚醒し、そのままスーッと起きられて一石二鳥です。ぜひ生活そのものを変えるための第一歩として、取り入れてみてください。

――

ここまでは、本書のカギとなる「フロー・リーディング」の考え方について解説してきました。でも、多くの人がこう感じているはずです。

「『音楽を聴くように本を読む』って……、それじゃ結局、全部忘れてしまって、自分にはなにも残らないんじゃないの？」

「『ため込まない』姿勢が大切といわれたって、やっぱり本を読む以上、なにか『得るもの』がないと意味がない！」

安心してください。
もちろん、フロー・リーディングもその点をちゃんとフォローしています。
次の章ではこれについて見ていくことにしましょう。

第3章

なぜ読んでも忘れるのか？

読書体験をストックする極意

読書は呼吸である。なかなか読めない真の理由

▼「吸う・読むだけ」は息苦しくてあたり前

僕たち生き物は呼吸をしています。

空気中にある酸素を取り入れ、同時に、体内にたまった二酸化炭素を排出する。生きている限り、「吸う」と「吐く」を繰り返しており、一説によると、人間は一生のうちに6~7億回の呼吸をするともいわれているそうです。

もし延々と息を吸い続けたり、吐き続けたりしたら、苦しくなってしまいますよね。つまり、「吸う」というプロセスがあるから、「吐く」。「吐く」という

行為が行われるから、また再び「吸う」。この両者がそろって初めて、呼吸のリズムが成立しているわけです。

わかりきったことではありますけれど、これってなかなか重要なことだと思いませんか？

なぜこんな話をしたのかといえば、読書にもまったく同じことがいえるからです。**息を「吸う」ことと、本を「読む」ことはとても似ている。**

つまり、本をひたすら読み続けることって、息を吸い続ける苦行と同じようなものなのです。

それどころか、いまはスマホやＰＣからも膨大な文字情報が押し寄せてきますから、みなさんはひょっとすると「もうこれ以上は息を吸えない状態」になっているのかもしれません。

ふだんから接する情報量が急増した結果として、「本が読めなくなった」「遅読家になった」という人も多いと思います。

▼書評家だけが知っているたった1つの冴えたやり方

ではどうすればいいかというと、答えはシンプル。息を吸いすぎて苦しいのであれば、吐けばいい。それと同じで、ひたすら「読む」だけでなく「書く」ようにする。ただ読むだけじゃなく、「**書くために読む**」ことへと意識を変えるわけです。

本を読むことを大げさに考え、「熟読の呪縛」にとらわれている人は、「たった1回きりの読書で、本の中身を頭のなかにコピーしてやろう」というずいぶんと欲張りな考え方をしています。

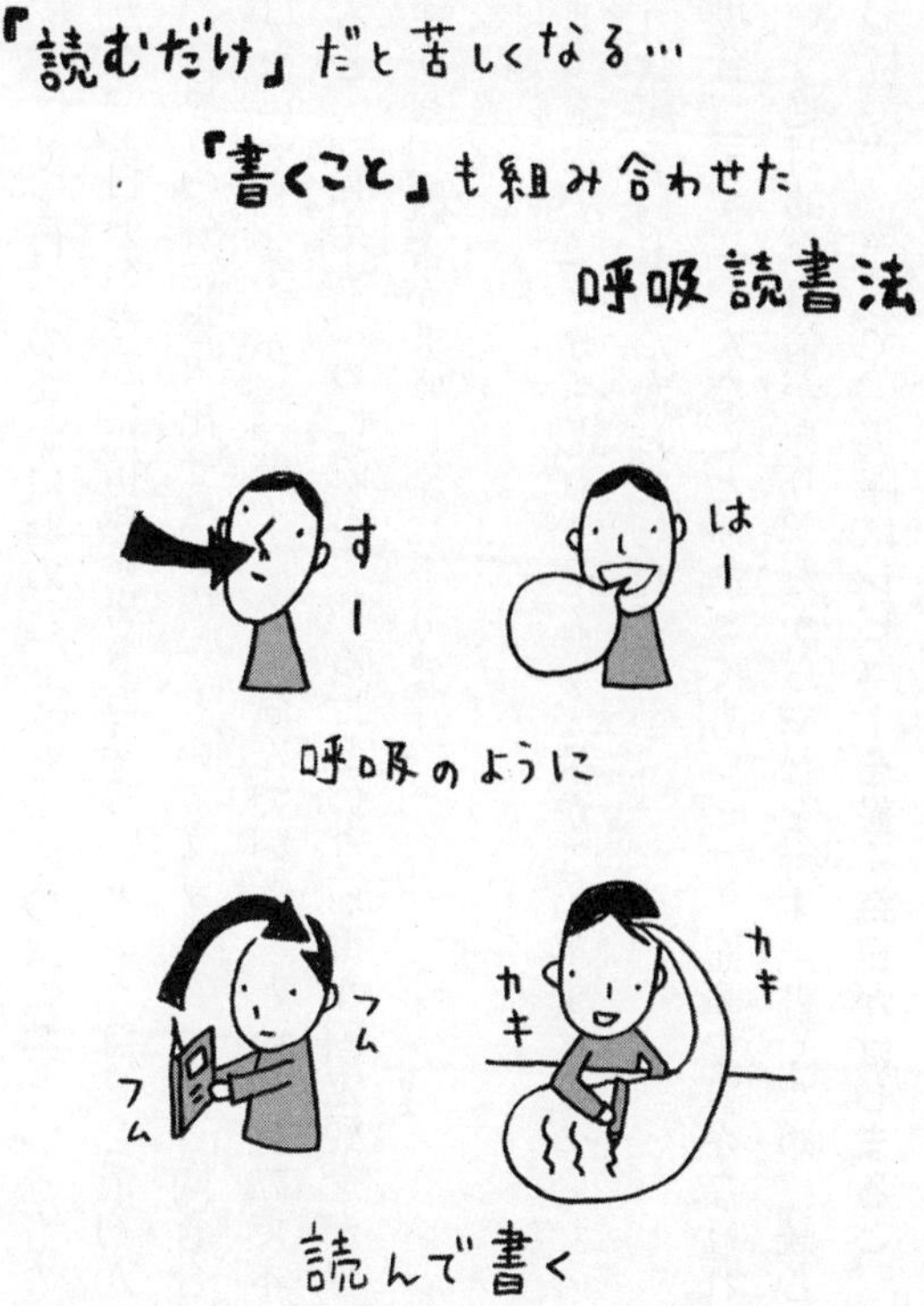
「読むだけ」だと苦しくなる…
「書くこと」も組み合わせた
呼吸読書法
すー
はー
呼吸のように
フム
フム
カキ
カキ
読んで書く

もちろん、読書を通じて得るものがあってもいいのですが、この情報洪水の時代に、すべてを自分のなかにため込もうとするのは無茶というもの。

だったら、「自分のなかに情報を書き写そう」という意識を最初から捨ててしまい、「自分の外に書き出せばいい」というスタンスで本と向き合ったほうがよくはないでしょうか。「書くために読んでいる」という意識で本を読むようになると、「覚えるために読んでいる」という面倒な固定観念が脇に押しやられますから、読書が非常に楽になります。

いうまでもないことかもしれませんが、僕がこの事実に気づいたのは、書評家という仕事をはじめたからでした。

僕の場合、まず「どんなことがあってもレビュー記事を書かなければならない」という絶対的な事情があり、だからやむを得ず「書くために読む」ことになったわけです。そして、実際に**レビューを書く毎日がはじまると、読書の負担がものすごく軽くなった**ことに気づいたのです。

でも、「『書け』といわれても、いったいなにを書けばいいの？」と思いますよね。

「そもそも文章を書くのが苦手だし……」

「夏休みの読書感想文って、大嫌いだったんだよなあ」

そんな方もいらっしゃるのではないかと思いますが、決して難しい話ではありません。

読書のムダを削ぎ落とす もっとも効果的な方法

▼書評欄を担当してから、本が読めるようになった

生活に役立つ情報を扱うサイト「ライフハッカー」の当時の編集長から、「書評を書いてみませんか？」と声をかけられたのは、2012年の夏ごろのことでした。

内心冷や汗をかきながらこのオファーを受けたことはすでに書きましたが、それは僕が「超」のつく遅読家だったから、というだけではありません。

そもそも、自分で書評を書くという発想自体がなかったのです。もともと本

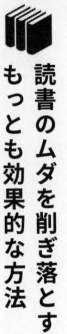

を読むことは好きだったけれど、その体験をベースに文章を書くという作業がどういうものなのか、あまりピンとこなかったわけです。本について書くと聞いて思い出すのは夏休みの宿題である「読書感想文」ぐらいで、あまりいいイメージもありませんでした。

しかも「ライフハッカー」の読者がなにを求めているのか、どんな書籍に関心があるのかさえよくわからない状態でしたから、当初は本当に手探りの日々でした。

ところが書きはじめて半年ほど経ったころから、少しずつ変化が見えてきました。公開された書評につくフェイスブックの「いいね！」数が増え、ツイッターでリツイートされることも多くなったのです。

「いいね！」やリツイートはごく小さなサークル内での拡散の可能性もありますから、それを過信するのもまずいだろうなと思っていたのですが、リアルの世界でも「書評、読みましたよ」「あの本、僕も買いました」と声をかけていただく回数が増えていったあたりから、「受け入れてもらえているのかな？」と思えるようになっていったのです。

さらにうれしかったのは、僕のレビューが公開されると、その本のアマゾンランキングが急上昇する（場合によっては売り切れになる）という話を複数の出版社の方からいただくようになったことでした。もちろん数字的には知れているのでしょうが、それがやる気と自信につながったことは事実です。

▼僕のブックレビューがほかの書評と「違う」点

その後、あれよあれよといううちに掲載媒体が増えていき、「はじめに」でも触れたように、いまでは多くの媒体でブックレビューを書いています。そのため、来る日も来る日も「読んで、書いて、読んで、書いて」の繰り返しです。そしてそこに、充実感を抱いてもいます。

なお、僕の書評がこうして多少なりとも評価していただけたのは、新聞や雑誌に掲載される書評とは「少し違うスタイル」を取り入れたからではないかと思っています。

そのひとつは、意識的に「**引用**」を多く織り込むこと。

新聞や雑誌の書評とは別のアプローチをとっているのには、もちろん明確な理由があります。重要なポイントは、僕が書いている書評の多くが、ウェブ上のニュースメディアへの掲載を目的としたものであるということです。つまり、読む人も、読まれる環境も、読むために費やされる時間も、紙媒体とはまったく違うのです。

紙媒体に掲載される書評の場合、そこには評者の主観や主張が入り込むことが前提になります。評者がその書籍から感じたことを伝え、読者が「この本、読んでみたいな」と感じる。それが、紙媒体における書評の基本的な価値だということ。

一方、「ライフハッカー」のようなウェブメディアは、その〝あり方〟自体が違っています。極論をいえば、ウェブ上のニュースメディアに掲載されるブックレビューに読者が求めるものは、評者の主観ではなく「情報・ニュース」です。つまり、「その記事（書評）を読んで、どれだけ得をしたか」ということがもっとも重要な価値基準なのです。

また、ウェブ記事の多くは、通勤時にスマホで読むとか、オフィスで仕事をはじめる前にパソコンで読むとか、短時間で消費されるものでもあります。そこで「お得感」を感じてもらうためには、その書籍の内容をひと言で表現するような「引用」がもっとも効果的だろうと考えたのです。

▼速くて・深い読書は「引用」からはじまる

ここでいう引用とは、本の「おいしいところ」だけを引き抜いたもの。引用からは、2つの価値が生まれます。

すでに述べたとおり、1つは「情報」としての価値。僕の書評を読む人は、「これは本の著者の主張なの？ それとも評者の意見なの？」と気にする必要がありません。その本のエッセンスを手短につかむことができるので、日々の会話でちょっと触れたり、本屋さんに行ったときの本選びの参考にしたりできるわけです。引用を中心とした書評というのは、ウェブの時代には最適なアプローチではないかと思います。

そしてもう1つは、僕、つまり「本を読む人」にとっての価値です。引用をすることによって、**その本のどこに心動かされたのか、どんな文章が気になっ**

たのかが可視化されるわけです。

「じっくり読む」よりも、文を書き写したほうがその部分をしっかりと味わうことができますし、忘れづらくもなるでしょう。もっといえば、**書き写しているのだから忘れてしまっても大丈夫**なのです。

読書呼吸法のステップ①

本の魅力だけを抽出する「１ライン・サンプリング」

▼気になったところは覚えるな、書き写せ

「本を読むときには、読むだけでなく『書く』ことも意識するべきだ」と主張したのはまさにこういうこと。つまり、自分は遅読家だと思う人には、ぜひ「引用」をしながら本を読むことをおすすめしたいのです。

読んだ文章を頭のなかに流し込みながら、同時に頭の外に「書き出す」こと

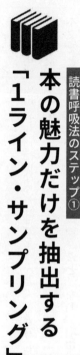

は間違いなく重要です。ただ視覚的に情報を受け止めるだけではなく、その情報を自分の手を使って再構築するプロセスを挟むと、単なる流し読みや単調な熟読よりも圧倒的に深い読書効果が得られるからです。

「読みながら引用？　それとも、読み終えてからまとめて引用？」と聞かれることもあるのですが、それはどちらでもいいと思います。

ただ、あとでまとめて引用する人は、引用したいと思った部分をしっかりと記憶・記録しておく必要があります。あとで探し出すためにムダな時間をかけることになっては、せっかく読書スピードを上げても意味がありませんから、**僕は読みながら気になった箇所をどんどん書き写していくようにしています。**

Ａ４用紙を用意し、気になった部分をどんどん書き写していくのです。「ここは忘れたくないな」と思うところに出会ったら、冒頭に「ページ数」を記載し、本文をどんどんストックしていくということ。なお、引用するときは、「段落丸

「おいしいところ」だけを抽出する

1ラインサンプリングとは？

ごと」などではなく、なるべく短く、数行に収まるような分量がいいと思います。

これを僕は「**1ライン・サンプリング**」と名づけています。

ヒップホップやR&B、電子音楽などに詳しい人はご存知だと思いますが、こうしたジャンルでは過去に存在した音楽の断片（サンプル）を組み合わせて新しい曲をつくったりします。本を読みながら短い引用を書きためていくのは、まさにサンプリング（断片集め）の作業に近いと思うのです。

▼A4用紙に本1冊分の「ハイライト集」をつくる

本を読み終えたときに書き出されている引用のリストが、「その本を読書することによって自分が吸って、吐いたすべて」です。

僕の場合も本を読むとかなりの部分を書き写したリストができ上がりますが、もちろん書評を書く際にはそれらすべてを生かすわけではありません。それどころか、実際の執筆時には、写しておいたフレーズの大半はボツになります。厳選された引用箇所だけが書評に反映されるわけです。

とはいえ、たとえ書評に採用されなかったとしても、引用しておいたことは間接的に読書体験に反映されます。書き写すという行為を挟むことによって、著者の思考や主張がより鮮明に見えるようになるからです。

本を読み終えたら、ぜひその**引用だけをじっくりと読み返してみてください。**

このリストは、いわば1枚の音楽アルバムのうち、自分自身の心が動いたパートだけをつなぎ合わせた「リミックス音源」のようなものです。これによって読書の楽しみをさらに倍増させることができます。

読書呼吸法のステップ②

最高の1行を選び出す「1ライン・エッセンス」

▼「たった1つの文」に読書の神は宿る

2020年5月まで、ワニブックスの「WANI BOOKOUT」というサイトで「神は一文に宿る。」という連載を持っていました。以後、それが姉妹サイト「NewsCrunch」での12回連載「人生を変える一文。」につながり、そちらは2021年6月で終了。つまり過去の仕事なのですが、それぞれがとても印象的でした。

毎回1冊ずつチョイスした本から、印象的だった1文を抽出しようという企画。どんな本にも印象的な部分は必ずあるものですが、ここでは僕の感覚をなんらかのかたちで刺激した1文を抜き出してきたわけです。

書き手としてこの試みに魅力を感じるのは、『心に残るフレーズ』に出会うすばらしさ」を改めて意識することができたから。毎日、仕事でいろんな本を読み続けていると、知らず知らずのうちに読書のありがたみを忘れかけてしまうことがあります。

でも本の醍醐味って、「そういう1行、もしくはフレーズ」に出会うことにあるのではないでしょうか?

しかもおもしろいのは、そうした「響く部分」は、人によってもまちまちだということ。

著者の意図と読者の好みが合致することもあれば、著者には思いもよらなかった部分に読者が感動することもあるわけです。

「作品が独り歩きする」とはまさにこういう状態ですが、だからこそ余計に、「その1行」との出会いが楽しいものになるのです。

そこで、本を読みながら引用リストをつくり、読了したあとに再びリストに目を通したら、そのなかから**「もっともすばらしいと思った引用」を1つだけ選ぶ**ようにしましょう。

「自分がこの本を読んだ価値のすべては、この1行に集約されている」といえるような部分です。

1ライン・サンプリングのリストのなかから「これ!」と1つを選び、それに印をつけるわけです。この1行の引用を「**1ライン・エッセンス**」と呼びます。

▼読書は「測量」よりも「宝探し」に似ている

「価値ある1行」を意識しながら読むことには、読書に対するネガティブな感情をかき消す効果もあります。

読書を「面倒くさい」とか「苦痛だ」と考えるのは、「そこに書かれている文字列をすべて目で追い、かつ、内容を咀嚼しなければ『読んだ』とはいえない」という思い込みがあるからです。それは、読書が作業になってしまっているということだと思います。

しかし、**「1行」を探しながら読むようにすると、そこには冒険しかありません。**

もしもみなさんが無人島に隠された宝を探すトレジャーハンターだったとし

て、その島のすべての座標をわざわざすべて踏みしめていったりするでしょうか？　そんなムダなことはしないと思います。

きっと、いろんな手がかりを駆使しながら、なるべく最短に近いルートを通って宝にたどり着こうとするはずです。もちろん、宝を発見するまでのプロセスも楽しみの一部ですから、苦痛だと感じることもありません。

いずれにしても、読書で大切なのは、その本の内容もさることながら、読書という行動のどこかにささやかな楽しみを見つけることです。

「本を開くことは楽しい」という感覚をまず身につけられれば、そこから遅読の状態を抜け出すための可能性が広がっていきます。

読書呼吸法のステップ③

重要箇所がよみがえる「1ライン・レビュー」

▼その1行に感動できた「理由」をストックする

読書を呼吸としてとらえる場合、読む（吸う）だけではなく、書く（吐く）ことが大切だという話をしてきました。そして、「呼吸としての読書」において誰にでもできる簡単な「息を吐く」行為が「引用」でした。

実は、毎日のように書評を書いている人間として、もう1歩踏み込んでみな

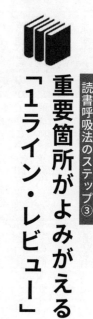

さんにおすすめしたいことがあります。

それは「**1ライン・レビュー**」。文字どおり、「1行のレビュー（感想文）」を書く習慣をつけるわけです。

「読むだけでも大変なのに、なんでレビューまで書かないといけないの？」

そう思われるかもしれませんが、本をなるべく短時間で読み、そこから必要な情報を効果的に抽出したいのであれば、これも非常に有効な手段なのです。

といっても、前述の「1ライン・エッセンス」について、「**なぜこの1行に感動したのか？**」という観点で、ひと口メモを書くだけ。

本を読んだ直後には当然、「なぜその箇所がすばらしいと思ったのか？」を覚えているはずですが、時間が経つと心が動いた理由を忘れてしまったりもします。しかしそれでは、引用の意味がありません。そうならないよう、感動した「理由」も一緒に書き留めておくのです。

▼「1行の感想」だけで「1冊の記憶」が再生

先にも触れてきたとおり、その本に書かれたすべてを記憶することは不可能です。

また、マーカーや鉛筆で線を引いたとしても、思っているほどの効果は望めません。ページの端を折ったり付箋《ふせん》をつけておくことは僕もしますが、「折ったとき、なにを意図していたか」を思い出せない場合も多く、それほどいい手段だとは思えないのです。

でも、「1ライン・レビュー」なら、字数が限られていることもあり、あとからひと目見ただけで「読んだときの気持ち」を呼び起こすことができます。

1ライン・サンプリングを書きためたのとは別のノートや手帳に、日付、書名、著者名を書いたら、まず1ライン・エッセンスを書き写し、その下に30〜40字程度で1ライン・レビューをメモしましょう。

「長文のしっかりしたレビューじゃないと意味がないのではないか？」と思われるかもしれませんが、これからみなさんは遅読家の状態を脱し、膨大な数の本を読んでいくわけですから、レビューは1行でかまいません。

1日1冊のペースで読むとすると、1年後にはレビューだけでも300行を超える分量になります。

あとから見返すときのことを考えても、引用とレビューがそれぞれ1行でビシッと簡潔にまとまっているほうが、記憶の再現効果も高くなるのです。

読書呼吸法のステップ④

読書の足あとを自己評定する

▼12冊読むたびに、自分が見えてくる

こうして蓄積されていった1ライン・レビューは、それぞれ別の本についての感想ですから、センテンス同士に連続性はありません。

しかし、みなさんが「自分の感性」で選んだ本である以上、そこにはなんらかのストーリーが生まれるはず。過去にチョイスした本を再確認したいときの索引としても、それはかけがえのない記録となっていきます。

積み重なっていく読書実績を再確認する意味で、**12冊分のレビューがたまったら、定期的に引用と感想を読み返す**ようにしましょう。

そして、レビューを振り返るときには、こんな視点を取り入れてみてください。

・自分はどんな本に刺激を受けやすいのか？
・自分はどのような考え方を好むのか？
・自分はこれからどんな本を読みたいのか？

こうして自分の読書傾向を見極めると、「次に読むべき本」の方向性も見えてきますし、そこには自分の考え方などを再確認できるというメリットもあります。

なにより、この作業そのものが純粋に楽しいので、結果的に読書習慣が持続しやすくなります。

1ライン・レビューが12冊分たまったら…

① A5ノートに

日付け，本のタイトル
▼ いちばんお気に入りの1文
▽ 1行の感想(30～40字程度)
をためていく

② 1ページに6冊分，見開きで12冊分のレビューがたまったら

③ いちばんよかった1冊を選び

★《ほし》印をつける

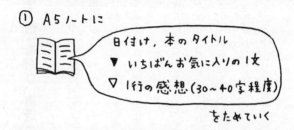

▼「ベストな1冊」を選び、直近の読書体験を評価

そして最後にやっていただきたいのが、その**12冊のなかから「ベスト」だといえる1冊を選ぶ**こと。つまりその1冊が、自分の直近の読書のなかで「もっともすばらしかった1冊」ということになるのです。さらに1年の終わりには、さらにそこから「ベスト・オブ・ベスト」の1冊を選びましょう。

読書を習慣化するうえで重要なのは、自分が本を読んで味わった感動を忘れないようにすることです。自分が気に入った本を定期的に棚卸しする作業を、読書習慣のなかに組み込んでしまいましょう。

「いや〜、この本はよかったな」と何度も振り返るうちに、自分の読書遍歴そのものが1つのストーリーに仕上がっていく貴重な体験ができます。

引用の効果を倍増させる「手書き」の魔法とは？

▼なぜ「手書き引用」だと「本質」が見えるのか？

僕が書評を書くときには、１ライン・サンプリングにあたる引用リストは、手書きではなくＭａｃのキーボードを叩いてテキストファイルにまとめています。僕の場合、引用したテキストをウェブ上で使うことになるので、最初からデジタルなかたちになっているほうが便利なのです。

一方、読者のみなさんには、**「紙」に手で書くこと**をおすすめしたいと思います。面倒くさいと感じるかもしれませんが、理由は３つあります。

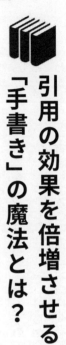

理由①　内容をじっくりと理解できる

1つは手を動かして書き写すことによって、著者の言葉をよりじっくりと咀嚼する時間が生まれるから。ただ、これには個人差や世代差があるかもしれません。

理由②　必要な部分だけを引用するようになる

より重要なのは、あとの2つです。第2の理由は、まさに面倒くさいからこそ「本当に書き写したいと思ったところしか書き写さないようになる」ということ。

キーボードなら、人によってはけっこうな文字量もごく短時間で書き写せてしまうでしょう。あえて手書きにすることで、「ここってわざわざ書き写すところだろうか？」と考えるきっかけをつくっておくのです。

タイピングだと、つい「あれもこれも」で引用したくなり、リストが膨れ上がりかねません。手書きにすることで、「本当に心が動いたところだけ」を引用するように自分を仕向けるわけです。

理由③　達成状況が可視化される

もう1つは、手書きや紙の持つ「具体性」です。1ライン・サンプリングの用紙や、1ライン・レビューのノートがどんどん増えていく達成感は、読書を習慣化するうえでは欠かせません。

その際、やはり紙のほうがその達成状況が視覚的に確認しやすくもあります。だからこそ、フロー・リーディングを初めて実践する人には、ぜひ手書きでトライしていただきたいと思っています。

▼読書を「可視化」するA5ノート・レビュー術

筆記用具に関しては、ご自身が使いやすいものでいいと思いますが、個人的には書き味が滑らかなペンが好きです。書きやすさをとにかく重視するのであれば、三菱鉛筆の「ユニボールシグノ」あたりがおすすめです（デザインが残念だけど）。

1ライン・サンプリングの用紙は通常のA4サイズのコピー用紙でかまいません。

一方、1ライン・エッセンスと1ライン・レビューをストックしていくノートや手帳にはこだわったほうがいいでしょう。

僕がここ数年ずっと使っているのが、「DISCOVER DIARY」（ディスカヴァー・トゥエンティワン）という手帳です。非常に考え尽くされた使いやすいスケジュール帳なのですが、とくに気に入っているのはA5という大きめのサイズ感。レビューをストックしていくときには、ある程度の大きさの手帳やノートがおすすめです。

なぜ「書きながら」だと、速く・深く読めるのか？

▼「持たない時代」の本の読み方

世の中では「所有」をめぐって価値観が激変しているといわれます。自分が所有するモノをできる限り減らすライフスタイルが提唱されるようになったのです。

わかりやすいのは自動車でしょうか。以前であれば、高い維持費や駐車場代がかかる自動車を誰もが所有していました。

しかし、いまでは若い世代を中心に自動車を持たない人たちが増えています。週末にしか乗らないのだから、一時的に車を「使える」環境（レンタカーやカーシェアリング）があれば十分だという考え方。**「所有（持つ）から使用（使う）へのシフト」**などといわれることもあります。

「本に書いてあることすべてをわがものにしよう」という考え方は、こうした古い「所有」の概念の延長線上にあるように思います。

モノに溢れた世の中で、人々の価値観が「所有」から離れていったように、さまざまなウェブメディアが浸透して情報で溢れ返る状況下では、情報をすべて「所有」しようとすることには無理があります。

本についても知識についても、本当に手元に置いておくべきものだけを残し、それ以外はため込まないことがあたり前になりつつあるのです。

つまり、必要なものと不要なものとを分ける「取捨選択」がとても重要な意味を持つということ。それが現代であり、だからこそ読者も、本を読むときには「必要なところ」だけを読むべきなのです。

▼選択効率を急上昇させるには？

「書く」こと（引用）を前提としながら読むようになると、熟読に縛られなくなる以外にも、もう1つ貴重なメリットが得られます。それは、読むときの「視点」が得られること。

実際、僕が書評用の本を読むときには必ず、「どこがレビューに使えるだろうか？」ということを意識しています。**「視点」を定めることによって、「重要なところ／そうでないところ」を区別する基準ができます。**「重要でないところ」がわかれば、そこを流せる（あるいは、読み飛ばせる）ようになりますから、当然、1冊を読むスピードは格段に速くなります。

――

ここまでは本を読むときの心がまえや、読書を習慣化する方法、そして読んだあとにやるべきことについてお話ししてきました。

「そんなことはいいから『速く読むテクニック』を教えてよ！」という方もいらっしゃるでしょうが、ここまでお伝えした考え方や習慣を組み込んでいくだけで、速く読むための「素地」はほぼつくられていきます。

とはいえ、本を速く読むために、技術的な部分がなにも関係しないかというと、そんなことはありません。いくつかのコツはたしかにあります。

そこで次の章では、フロー・リーディングのテクニカルな面について触れていくことにしたいと思います。

第4章

流し読みにもルールがある

要点を逃さない「サーチ読書法」

スラスラ読める人は本の「どこ」を見ているか？

▼読み飛ばすなら「小見出し」単位

前章の最後で触れた「読み飛ばし」は本を速く読む際の重要なポイント。その手段もいろいろありますが、まずは「小見出し」をうまく活用できるかどうかが大きな分かれ道です。といっても、**小見出しを見て「読むべきパートであるか否か」を判断する**だけのこと。

あまりにシンプルな話ではありますが、実はこれはとても大切です。

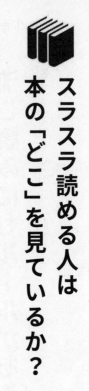

本の各章は多くの場合、「見出し」でいくつかに分けられています。さらに、その1つずつのセクションが、「小見出し」によって細分化されていることもあります。

いうまでもなく小見出しは、そのユニット（単位）の内容を端的に表現したものです。「ここにはこういうことが書いてあるんだよ」と伝えるためにあるので、ここを見て「必要ないかな」「読みたくないな」と感じたなら、迷わず読み飛ばせばいい。

「飛ばしちゃうと、流れがわからなくなっちゃうんじゃないの？」と不安になる気持ちもわかります。

しかし現実的には「熟読の必要がある本」（61ページ）でない限り、不要な箇所を少し飛ばしただけで内容がわからなくなることはほとんどありません。

▼読み飛ばしても「つながり」は見える

ビジネス書や新書などはとくにそうです。

これにはちょっとした理由があります。そもそもビジネス書や新書は「短時間でサッと読める」ようにつくられているからです。

必要な点だけをつまんでいけば、それらは目に見えない線となってつながっていくもの。A～B～D～Fと進んでCとEを飛ばしたからといって、全体像が見えなくなることはまずありません。

つまり、小見出しを使って「必要か否か」を取捨選択していけば、より短時間で要点だけを抽出することができるわけです。自分にとって不要な部分を徹底的にそぎ落とし、本質だけが浮かび上がってくる状態をつくる。まずこれが基本的な考え方です。

流し読みのための具体的なテクニック

▼流し読みポイントを見極める３つの目印

では、どこが読み飛ばしていい箇所なのでしょうか？

僕は「読み飛ばしていい箇所」を見つけるときの基本的な目印として、次の３つを活用しています。

それぞれについて見ていきましょう。

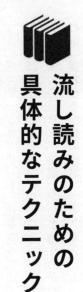

目印① 商品差別化のために挿入された「著者の自分語り」

ビジネス書や自己啓発書には、必要以上に「自分語り」が入っていることがあります。これは著者に「自慢したがりな人」が多いからというだけの理由ではありません。そうではなく、似たようなテーマやジャンルの書籍が多い市場だからこそ、著者自身について語ることで「この本はこんな点がほかの本とは違いますよ」とアピールしなければならないのです。

問題は、それらが必ずしも、忙しい読者に必要な情報ではないということ。たとえば、「私にこういう過去があったからこそ、こういう道筋をたどったのだ」というプロセスの記述が、読者にも有益な情報となり得ていればいいのですが、多くのビジネス書、自己啓発書を読んできた経験からすると、そういうケースはかなり少ないように思います。

ほとんどの場合は、**類書とどこが違うのかを読者にアピールするための、いわば「買わせるための情報」**です。場合によっては、著者の「自己顕示欲」を満たすためだけに書かれたようなものもあります。

この種の「著者による自分語り」は、読書時間を短縮する際には、積極的にスキップしていくべきポイントです。

ただし、「ほかの本との差別化ポイント」が書かれているという意味では、本屋さんで本を選ぶ際には、大いに参考にする価値がある部分だともいえます。

目印② 理論や主張を裏づける「個別の事例・体験談」

ビジネス書や自己啓発書では、語られた理論や解釈を裏づけるときに、本当にあった事例や体験談などが引き合いに出されることがあります。

一般的なのは、「理論」→「事例」→「理論（まとめ）」という流れでしょう。まずフレームを提示し、さらにそれを補強するような実例を示し、最後にもう一度、骨子となる理論なり主張なりをまとめるわけです。

だとすれば、**事例部分は飛ばして「まとめ」の部分を読むだけでも、十分に話は理解できる**はず。体験談は主張のための説得材料として用意されたものなので、現実的にはスキップしてしまっても、著者のいいたいことは理解できるようになっているということです。あまりに事例や体験談などが長い場合は、僕もどんどん飛ばしながら読んでいくようにしています。

ただ、ここで誤解しないでいただきたいのが、この種の実例がすべて無価値だといいたいわけではないということです。事例のようにある程度まとまりのある要素は、一般に読み飛ばしやすい（読み飛ばしても前後がつながりやすい）ものの、コンテンツ価値がまったくないわけではありません。

ただ、小説などにくらべると、ビジネス書などのエピソードには深みがあっておもしろいものはかなり少ないですから、事例がなくても主張の大枠が理解できるようであれば、迷わず飛ばしてしまうことをおすすめします。

目印③　期待・危機を煽る「過剰すぎる表現」

本に「啓発」されることが目的で本を読んでいる人にとっては大事なパートなのかもしれませんが、読者の感情を「煽《あお》る」ために書かれた部分は、いつもザーッと流して読むようにしています。

「本書を読み終えたとき、あなたの人生は劇的に変化するでしょう」といったことが書かれている本の大半は、多くの場合、人生を劇的に変化させてはくれません。うわついた話を強調している本を、僕はあまり信用していない。

いささか個人的見解が入り過ぎているかもしれませんが、参考までに……。

▼スピード化への4つのステップ

場合によっては、僕のこの本も「読み飛ばせる箇所」がたくさんあると思います。

もちろん著者としては、どの部分も必要だと思って書いているので、本音をいえば全部を読んでいただきたいのですが……。

ただ、忘れてはならないのは、**読書においては「読者」が主人公**だということ。

どんな本を読むときも、「ありがたいお話を一言一句たりとも聞き逃すわけにはいかない！」というような気持ちではなく、もっと自分本位でわがままに本と向き合っていただきたいのです。

――

さて、ここからは実際の読書のプロセスに沿ったかたちで、読書スピードを高めるための方法をご紹介していくことにしましょう。ステップは４つあります。

ステップ①「はじめに・目次」をよく読む
ステップ②最初と最後の５行だけ読む
ステップ③キーワードを決めて読む
ステップ④２つ以上の読書リズムで読む

これらすべてを最初から実践しろということではありません。
まずはどれか１つでもいいので、ぜひ参考にしてみてください。

速く読むためのステップ①

「冒頭」の読み方で、読書スピードは9割決まる

▼どれくらい速く読むかは「はじめに」で判断できる

本を開くとまず最初に登場する「はじめに（序文・序言）」と「目次」。

これらを利用することは、ムダのない軽快な読書体験のための鉄則だとすらいえます。

いうまでもないことですが、「はじめに」とは、その本の目的や要約などが書かれた「導入部分」のこと。どんな文体で書かれた本で、なにを目指して進

んでいく本なのか、全体の「ノリ」をつかむうえでも、ここは決定的に重要です。

多くの人がすでにそうしていると思いますが、書店で本を買う前には「はじめに」をさっと目で追っておくことをおすすめします。アマゾンの「なか見！検索」でも、「はじめに」が読めるようにしてある本は多いですよね。

というのも、その本が自分にとって必要か否かは、ここを読めばだいたい判断できるからです。結果として「これは違うかな……」と感じれば読むのをやめればいいし、逆に気になる部分が少しでもあれば読むべきでしょう。

著者も、読者がここを立ち読みすることを知っています。この部分が魅力的であれば、読者が本を買ってくれる確率が高まる。だから著者としても、「はじめに」で思いを端的に伝え、読者に「読もう！」という気になってもらおうと力を入れているのです。

▼「目次」は熟読に値する

もちろん、「はじめに」を読んだだけでは判断がつかない場合もあると思います。でも、「迷っている」ということは「気になる部分がゼロではない（少しはある）」ということでもあるはず。したがって、そんなときは「読む」ことをおすすめしたいのです。

とはいえ、「読むかどうか」を躊躇したということは、同時に「読みたくないかも……」と感じさせるパートなり、コンテンツなりがその本には含まれている可能性があるということ。だとすれば、そこを読み飛ばしてしまえば、より快適な読書ができることになります。

そんなときは「目次」の出番です。目次はその本の構造を判断するための「地図」ですから、そこから自分にとって必要そうな部分の「見当」をつけていくのです。

また目次には、その本全体の流れを判断できるというメリットもあります。著者や編集者が最適だと判断した順に構成が決められているので、その流れを把握するだけでも得るものは大きいわけです。

「いい本」の定義は人それぞれだとは思いますが、「機能性に優れた本」はたしかに存在しており、その1つの条件は「目次が優れていること」です。

目次を読むだけで、いろいろな情報が頭のなかに流れてきてワクワクしてくる本に出会ったことはありますか？　そういうときは目次をじっくりと「熟読」するべきです。

速く読むためのステップ②

なぜ「この5行」だけで、わかってしまうのか？

▼「見出し構造」をつかめば、「読み飛ばす単位」が決まる

「読み飛ばしていい箇所を判断する3つの目印」の2つめ（123ページ）とも関連してくるのですが、流し読みの効果を最大化するうえで重要なのが、本文の「構造」をうまく利用することです。

書籍の本文は基本的に次のような構造をしています。

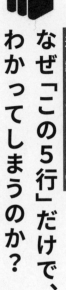

・章

・節

・項

もちろん、すべてがこれに当てはまるわけではありません。章よりも上の階層として「第1部」と「第2部」に分かれている本もありますし、「項」にあたる見出しが立てられていないケースもあります。

いずれにしても、本文を読みはじめる前に目次を確認したり、パラパラと全体をめくってみたりして、その本がどんな構造をしているのかを確認しましょう。

そのうえで、本を「**どのような単位で読むのか**」を決めていくのです（1つの単位は最大でも20ページくらいになるのが望ましい）。

本書と同じような構成の本であれば、「節」見出しごとに区切って読んでいくといいでしょう。

▼読み飛ばすか迷ったら、「最初と最後の5行」だけ

そのあとにやるべきことは非常にシンプル。**各ユニットの「最初の5行」と「最後の5行」だけを読む**ようにするのです。機械的にこの読み方をするだけでも、かなりの時間短縮が可能です。「はじめに・目次を読んでもどこが大切なのか判断できない」というときには、この方法を積極的に試してみてください。

本のタイプにもよるのですが、こうやって「間」がすっぽり抜け落ちた読み方をしても、なにが書かれているのかは、かなり「わかってしまう」はずで

す。こうなる理由はいくつか考えられますが、僕自身は次の2つが大きいのではないかと考えています。

1つは、人間の脳というのは不思議なもので、抜け落ちている部分を自動的に補おうとしてくれるから。A→Cの順で読むと、「あいだにはBというようなことが書いてあるのだろうな」というふうに頭が勝手に予測するのです。

もちろん予測なので外れていることもあり得るのですが、それほど心配する必要はないと思います。

なぜか？　それが2つめの理由とも関係しています。

ビジネス書や新書など、なにかを解説するコンテンツは、多かれ少なかれ次のようなかたちをしています。

①　序盤　テーマや主張を提示

② 中盤　テーマを展開させる事例、主張を裏づける根拠
③ 終盤　事例や根拠を踏まえて、再度、テーマ・主張を確認

ユニットの冒頭はたいてい、そこで展開されるテーマや主張をアナウンスすることからスタートします。「これからどんな話題がはじまるか」「なにをいおうとしているか」などが簡潔に示されているのです。もちろん長短はありますが、ここに費やされるのはだいたい5行前後ではないでしょうか。

「では、◯◯の問題はどう解決するべきだろうか？　これについては、いくつかの手段が考えられるが、もっともよくとられる手法は△△である」

こんなふうにユニットがはじまり、このあとに「△△という手法」を導入している人や企業などの実例が続いているとしましょう。

多くの場合、ユニットの最後がそのまま実例の紹介で終わることはなく、も

う一度、著者のいいたいことが繰り返されます。

「以上のように、この問題の解決にあたっては、メーカーA社、小売B社、運送C社といった各業界のキープレイヤーたちが△△の手法を取り入れている。しかし、この現状はどこまで正しいのだろうか？」

重要なのは、中盤に差し込まれている実例をまったく読み飛ばしたとしても、著者がここでいいたいのは「○○という問題の解決にあたっては、△△の手法がもっともポピュラーである」という主張だと理解できてしまうということです。

また、各ユニットの最後には次のユニットへの「つなぎ」が用意されていることもあるので、そのまま次のユニットの序盤に目を移すだけで、本全体の流れも容易につかめてしまいます。

▼「まっすぐ読む」だけが「正しい読書」じゃない

もちろん、明らかに文脈がつながらないときもあるでしょうから、そういうときは中盤にも目を通すようにしてください。

また、「序盤」「終盤」のそれぞれ5行を確認することで、「そのユニットが自分に必要か否か」が判断できるようになります。それぞれ5行を読んで、「ここは重要だな」と感じたら、もう一度、ユニットの頭からていねいに読み直す。これが流し読みの第2の極意です。

本は「リニア（線状）に読まれること」を前提としたコンテンツではありますが、必ずしもそれに従って一直線に読む必要はありません。

すばやく読みたい人は「序盤」→「中盤」→「終盤」と読むのではなく、

まっすぐ読むのをやめてみる

本の1項目をキリンにたとえると…

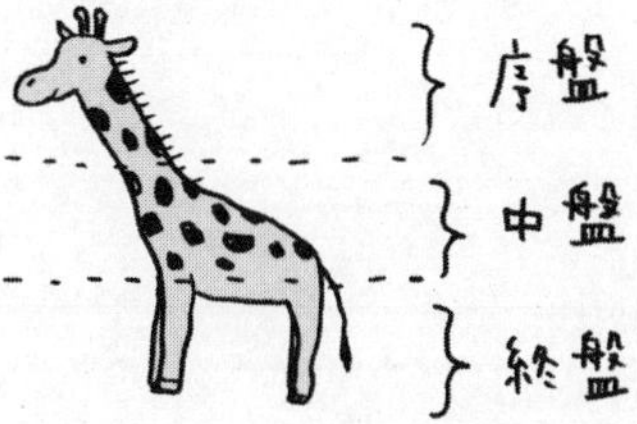
序盤
中盤
終盤

キリン
途中がかくれていても
キリンってわかる！

「序盤」→「終盤」と読むことによって、自分に不要な読書をする時間を短縮すると同時に、価値ある部分を読み飛ばしてしまうリスクも避けることができるのです。

速く読むためのステップ③

「ていねいに読む部分」を見つけるシンプルな方法

▼「読む目的」が明瞭だと、うまく流し読みできる

「本を読まなきゃいけないのはわかっているんだけど、２００ページも３００ページもある本を前にすると、つい『……読むのは明日にしよう』と先延ばししてしまう」

そんなふうに悩んでいる方もいらっしゃるのではないかと思います。いままで

こそ毎日のように本を読んで書評を書いていますけれど、かつては僕もそんな感じだったので、気持ちはすごくよくわかります。

読書が仕事になってから気づいたことですが、**本を気軽に開き、気軽に読みはじめられないのは、「その本を読むことによってなにを得たいか」がはっきり決まっていないから**です。ビジネス書などを読む場合はとくに、そのことが大きな意味を持ちます。

「まだ読んでいないんだから『その本からなにを得たいか』なんてわかるわけないよ」

そう思いますか？　でも、なにが書いてあるかわからないのに、なぜみなさんはその本を読もうとしているのでしょうか？

つまり、僕たちがなにかの本を手にとるとき、その背後には必ずなんらかの**「仮説」**があるのです。仮説というと大げさかもしれませんが、「この本は△△について書いてあるのではないか。だから自分には読む価値がありそうだ」という一種の**「期待」**といってもいいかもしれません。

▼なにかを探すとき、僕たちは世界を「流し読み」している

こうして「あたり」をつける行為を、僕たちは日常的に行っています。

たとえば、僕はアナログレコードをコレクションしており、よくレコードショップに行きます。ショップには膨大な数のレコードがありますが、10分くらい店内をブラブラし、なんとなく棚を眺めているだけで、「ほしい」と思っていたレコードにかなりの確率で**出会う**ことができます。

「出会う」といったのは、事実まさにそんな感じだからであり、決して僕は1枚1枚のレコードのタイトルを「読んでいる」わけではありません。むしろ、探していたレコードが向こうから目に飛び込んでくるようなイメージです。

「僕には特別な能力が備わっている」なんてことをいいたいわけではありません。そうではなく、人間は「なにを探すか」が明確になっていると、雑然とした情報のなかからであっても、特定の情報を拾い上げやすくなるということです。逆に、探しても見つからない場合は、「縁がなかったのだ」と思うことにしています。なにかを「**探す**」とは、そういうことだからです。

本を開く前には「目的」が必要です。僕たちは、調べたい言葉が決まっているから辞書を開くし、知りたい情報が明確だからグーグルを開くのです。

これと同じように、本を読むときにも、「漠然とした期待」のまま放置せず、「なにを得ようとしているのか」をはっきりさせるべきです。

▼得たい情報だけが流れ込む！「キーワード・サーチ読書法」

そんなときにおすすめしたい、いちばん合理的な方法が「**キーワード検索法**」です。つまり、見逃したくない「キーワード」を決め、それを検索しながら流し読みするという方法。

キーワードを決めた瞬間、本文のなかには「重要なところ」と「重要でないところ」の「差」が生まれます。キーワードと関連性の薄い部分は、どんどん流し読みするようにし、キーワードが含まれているところを中心に「1ライン・サンプリング」をしていくようにします。

たとえば、僕が「ライフハッカー」の2015年12月10日公開の記事で『物欲なき世界』（菅付雅信・著、平凡社・刊）を取り上げたのは、これからのライフスタイルなどに関心の高い「ライフハッカー」読者にも有益な情報だと考えたからでした。そこで僕は「ライフスタイル」に関連するいくつかの言葉をキーワードにしながら、その本を読むことにしたのです。

キーワードを意識しながらページをめくっていくと、関連する箇所がどんどん目に飛び込んできます。たとえばサードウェーブ系のコーヒーショップなどについて書かれた部分には当然、ライフスタイル関連の単語が使われていますから、少なくともその箇所の前後を読めば、それだけでこの読書の「目的」の大半は果たせることになります（ブックレビューを書く場合には、もう少し全体にも目を通す必要がありますが）。

キーワードの含まれている部分だけではわかりにくい場合、その箇所から数ページをさかのぼって読んでみるのもおすすめです。あるいは、その箇所が含まれるセクションを少し詳しくチェックすれば、たいていは内容を把握できます。

「すべてをきちんと読まなければならない」という強迫観念から抜けきれていない人からすれば、とんでもない読み方に映るかもしれません。

もちろん、熟読すればすべてをインプットできてしまう方、ゆっくり読む時間がたっぷりある方は、これまでどおりの読み方をしていただければと思います。

一方、時間がないせいで、本を開くまでの心理的なハードルが高くなって困っているという人は、ぜひこの「キーワード検索」を念頭に置いてみてください。かなり本が読みやすくなるはずです。

速く読むためのステップ④

「ギアチェンジ」しつつ、スピードに緩急をつける

▼いちばん心地いい読書リズムを把握する

最後はやや感覚的な話になりますが、読むときの「リズム」も遅読を脱するための流し読みにとっては重要です。

まずは本を読み進めるにあたり、自分にとって心地よい（読み進めやすい）一定のリズムを探し出してください。これは日常の読書を積み重ねることで自

然と得られるものなので、それほど難しく考える必要はありません。ふだんからどれくらい意識しているかという違いはあると思いますが、ある程度の本を読んできた人であれば、そういうリズムが決まってきているはずです。それがみなさんの「**基本リズム**」です。

このリズムが速いか遅いかは、それほど大きな問題ではありません。**遅読家の問題点は、基本リズムが遅いことではなく、ずっと同じリズムをキープしながら本を読もうとしていることのほうにある**からです。

テンポを一定に保って読書をしようとすると、どうしても時間の進み方が「遅く」感じられます。なにもしないまま待たされる時間が長く感じるのと同じように、テンポが単調な分、それに伴って「じれったさ」が増すのです。

▼読むリズムが単調なせいで「遅く感じる」だけかも…

「基本リズム」は決して遅くないのに、なぜか自分のことを遅読家だと思っている人がいます。その元凶は往々にして「**読書リズムの単調さ**」にあります。学校の教科書を読まされるときのように、ずっと同じスピードで淡々と文字を目で追っているせいか、なかなか前に進んでいるように感じられないわけですね。

そういう人は、「緩急をつける」ことを心がけるようにしてみてください。より具体的にいうと、**2パターン以上の読書リズムを持つ**のです。じっくり読むときの「基本リズム」だけではなく、1・5倍速の「中速モード」、2倍速の「高速モード」、5倍速の「流し読みモード」というように、何段階かのリズムを用意します。

読みはじめたら、リズムの「ギアチェンジ」を意識するようにしましょう。「ここは関係なさそうだから『流し読みモード』で読もう」とか、「待てよ、ここには関連キーワードがありそうだから『中速モード』で行こう」というように、自分のリズムを自覚しながら緩急をつけていくのです。

こうして1回の読書のなかに、あえて「濃淡」を設けることで、読書体験が単調になることを防ぎ、なんとなくのダラダラした流し読みに陥ることを避けられます。

「覚えない読み方」が「忘れない読書」の秘訣

▼「線引き読書」はおすすめしない

さて、ここまでいくつか流し読みの極意を紹介してきました。実際にこれらのポイントを意識しながらやってみると、かなりスムーズに本が読めるようになっていきますが、おそらくここで引っかかるのが、第3章でご紹介した「引用」という行為だと思います。

読書しながら「引用」を書き写していく「1ライン・サンプリング」の作業は、読書を中断させる要因となるので、すばやく読めるようになった人ほど、億劫《おっくう》に感じてくる可能性があるのです。

実際、普通の人は本のなかに気になる箇所が出てきても、わざわざ書き写したりはしませんよね。**鉛筆やマーカーでラインを引いたり、余白部分に書き込みをしたりするという人がほとんどだと思います。**

しかし、僕自身はいつもの読書ではどちらもやりませんし、みなさんにもおすすめしません。理由は2つあります。

1つは個人的な問題として、本をそうやって「汚す」ことに抵抗があるから。ずっと探していた本を古書店でたまたま見つけて、自宅でワクワクしながらページをめくってみたら、鉛筆やペンで書き込みがされていてガッカリ……ということも少なくありません。

というか、そもそも、書き込みのある本を古書店に売るのってためらわれませんか？　自意識過剰なのはわかっていますが、次の持ち主が手にしたときに「ほうほう、前の持ち主はこんな部分に感動したのか……」と思われるのが、なんだかちょっと恥ずかしいのです。

線を引く以外にも、僕の知人には「必要な部分だけをちぎってノートに貼りつける」という強者《つわもの》もいたりします。

ただ、線を引いたり、メモを書き込んだり、ページをちぎったりするのは、僕の感覚からすると、ちょっと信じられないことなんですよね。

「わかる、わかる！」という「同志」もきっといらっしゃると思いますが、これは個人の性格とか好みに由来するところなので、「書き込み」や「線引き」をやめるべき理由としては、ちょっと弱いかもしれません。

▼いくらラインを引いても、まず忘れる、まず見返さない

より大事なのは、もう1つの理由です。これまたシンプルなのですが、「無意味だから」。それだけです。

たとえば、重要そうな箇所に線を引く人は、なぜそんなことをするのでしょうか?

理由はいろいろあると思いますが、大きく2つあると思います。

① その箇所を覚えておくため
② その箇所をあとで見返すため（目印として）

でも、考えてみてください。まず、線を引いたくらいで、その部分が記憶に

より強く残ったりするものでしょうか？　記憶力の優れた人であれば、そういうこともあるのかもしれませんね。

しかし線を引いた時点で安心してしまい、あっという間に内容を忘れてしまうということも考えられます。

自分の読書に悩んでいたころ、僕も断腸の思いで「ライン引き」をしていた時期があります。

たしかに線を引きながら読書すると、なにかアクティブなことをしているような気になれます。読み終えた本をパラパラめくったときに、あちこちに線が引かれているのを見て、「おー、よく読んだな~」という不思議な満足感も得られたりします。

でも、それだけなのです。本からなにかを得たと「勘違い」しているだけで、翌日にはすべては記憶の彼方に流れ去ってしまっています。

▼覚えようとするから忘れる！「記憶」せず「記録」する読書法

僕が提唱する「フロー・リーディング」は、知識をため込もうとするストック型の読書に対するアンチテーゼであり、読書のプロセスを楽しむことに軸足を置いています。

しかしだからといって、**「本からなにも得られなくていい」なんて主張するつもりはありません。**

重要なのは、本から得られる価値を「自分の〝頭のなか〟にため込む」のではなく、「自分の〝外〟にため込む」ことです。そのための技術が、前章で紹介した「1ライン・サンプリング→エッセンス→レビュー」という3つのステップだったわけです。

知識をため込もうとして線を引きながら読んでいる人は、2つの意味で読書に「失敗」しています。

1つは、「読むプロセス自体をストレスに満ちた時間にしてしまっている」という意味で（35ページ）。これはフロー・リーディングをご紹介したときにお伝えしました。

そしてもう1つは、「読書から得られたものをストックし損ねている」という意味で。いくら線を引いても、本の価値は「外の世界」には出てきません。本のなかに眠ったままです。

ひとたび本を閉じて書棚に戻した瞬間、その読書体験は「なかったこと」になってしまう。それってあまりにもったいないと思いませんか？

ですから、**僕のような凡人が本の価値を自分のものにしたいのであれば、まずは「1箇所にまとめて書き出す」しかない**のです。

そうやって本のエッセンスだけを「本の外側」に抽出しておかない限り、その流し読みは、本当に価値のない時間になってしまうということです。

――

さて、ここまで遅読家を脱するための読書術をいろいろとご紹介してきました。まずはこれらを実践して、その効果を実感いただきたいと思います。

一方で、大量に本を読める状態が習慣化すると、それはそれで困ったことが起きてきます。僕が書評家になってから直面した問題は、大きく次の3つです。

①　読む本をどうやって選ぶか
②　読む本をどうやって入手するか
③　読み終えた本をどう管理するか

そこで次の章では、これらの課題の解決策をご紹介していきます。

「まだフロー・リーディングを実践できてすらいないのに、気が早いなあ……」

そう思われるかもしれませんが、同時にこれらもフォローしておかないと、せっかくはじめた多読生活が〝持続〟しません。

とくに最初の「①読む本をどうやって選ぶか」という点はかなり重要ですので、まずはそこから見ておきましょう。

第5章

本とどう出会い、どう別れるか

700冊の選書・管理術

多読メソッド①　選書編

「1週間の読書プラン」で「1日1冊」があたり前に

▼「毎週6冊」を1つの目安に

すでに書いたとおり、現在のところ僕は、週10〜14冊、月50〜60冊、年700冊くらいのペースで本を読んでいます。

これが仕事なわけですから、みなさんにも同じレベルを求めるつもりはありませんが、僕だって書評ばかりを書いているわけではなく、ライターとしての「通常業務」もあるなかでこれだけの本を読んでいるのです。

そこで、本書の1つの「ゴール」として目安にしていただきたいのが、**週6冊、月25冊、年間300冊という多読生活の状態**です。「年間300冊」と聞くと、きっと多くの人が面喰らうでしょうし、「そんなの無理に決まっている」という反応がほとんどだと思います。

しかし、「1ライン・サンプリング」や「1ライン・レビュー」を使ってフロー・リーディングの習慣を身につけていれば、1週間に6冊の本を読むことは、さほど難しくはありません。

「1週間で6冊読む」としたのは、**「1日1冊」を基本**にしていただきたいからです。

では、残りの1日は？

56ページで述べたとおり、読書を「リズム・オブ・ライフ」にするときには

「毎日読む」のが基本です。そうはいっても、読書がみなさんにとって「修行」のようになってしまうのもどうかと思います。

そこで、1日は**フリー枠**を設けることを提案したいのです。この日は「ノー読書デー」にしていただいてもいいですし、急がずに時間をかけて読みたい本をゆったりと読むことにあててもいいでしょう。

▼必ず「今週読む本」を計画する日をつくる

このフリー枠に必ずやっていただきたいことがあります。それは、**次の1週間の「読書スケジュール」を先に組む**こと。

フリー枠はできる限り、曜日を固定するようにしてください。その日に、次の週になにを読むのかをスケジューリングします。月曜日はこれを読み、火曜日はこれを読み……という具合です。

意外に思われるかもしれませんが、「１日１冊」を実現しようとする場合、**なによりも重要なのは「明日読むべき本」が決められていること。**

なぜなら、明日読むべき１冊を実際に明日読むためには、今日読むべき１冊を今日中に読み終えねばならないからです。

これは仕事のスケジューリングにも通じる話です。

ある方から聞いた話ですが、**打ち合わせを効率的に進めるための最良の方法は、その直後に別の予定を入れること**だそうです。

次のアポがあると、ダラダラと打ち合わせをしているわけにはいきません。限られた時間のなかで、一定の結論を出さなければならない。それと同様に、何日にもわたって同じ本をダラダラと読んでしまうのは、「次の予約」がないからです。

次の予定が入っていると、「この本を今日中に（この時間内に）読み終えるためには、どんな読み方をすればいいだろうか？」「どれくらいのペースでページをめくっていけばいいだろうか？」ということを意識せざるを得なくなりますよね。

また、「忙しくて読書の時間がとれない」という人も同じです。「きょう読む本」「あす読む本」が事前に確定していれば、仕事を早めに切り上げたり、早起きしたりというように、読むための時間を捻出しようとする意識が働きます。

しかし「時間が空いたら読めばいいや」という意識でいる限り、必ず読書時間はほかの予定に「侵食」されていきます。それを防ぐもっとも確実な方法が「読書スケジュールを1週間ごとに決める」ことなのです。

▼「いつでも読める」では「いつまでも」読めない

いちばんおすすめの方法は、第3章で紹介した「1ライン・レビュー」用のノートなり手帳なりに、**先に6冊分の書名を書き込んでしまい、引用とレビューが「書き込み待ち」の状態になるようにすること**です。

部屋の片隅に「積ん読」状態の本がたくさんたまっている人は、まずそれを「どの順番で」「いつ読むのか」をいますぐ決めてしまってください。

当然のことながら僕も、こうした読書計画を立てながら本を読んでいます。週に10本以上のレビューを書かなければならないので、場あたり的にやっているとたちまち仕事が破綻するからです。

ときどき不測の事態が起きたりして、ペースが崩れると本当に大変です。書評を1本書き上げて、「次はどれを読もうかな?」と選んで、それを読んで、書評を書いて、また選んで……こういう「自転車操業」状態になると、非常にストレスがたまるわけです。逆に、読書計画がしっかりとしていると、作業量は同じでも心理的な負担が圧倒的に違います。

1週間分の本を「選ぶ」時間は、なるべく1日に固めましょう。それほどつらい作業ではありません。むしろ、旅行の「計画」を立てるときに似た、ある種のワクワク感に満ちています。

「1週間の読書計画」と「1日1冊を6セット」——これが「リズム・オブ・ライフ」になれば、無理なく年間300冊は実現できます。ぜひ、試してみてください。

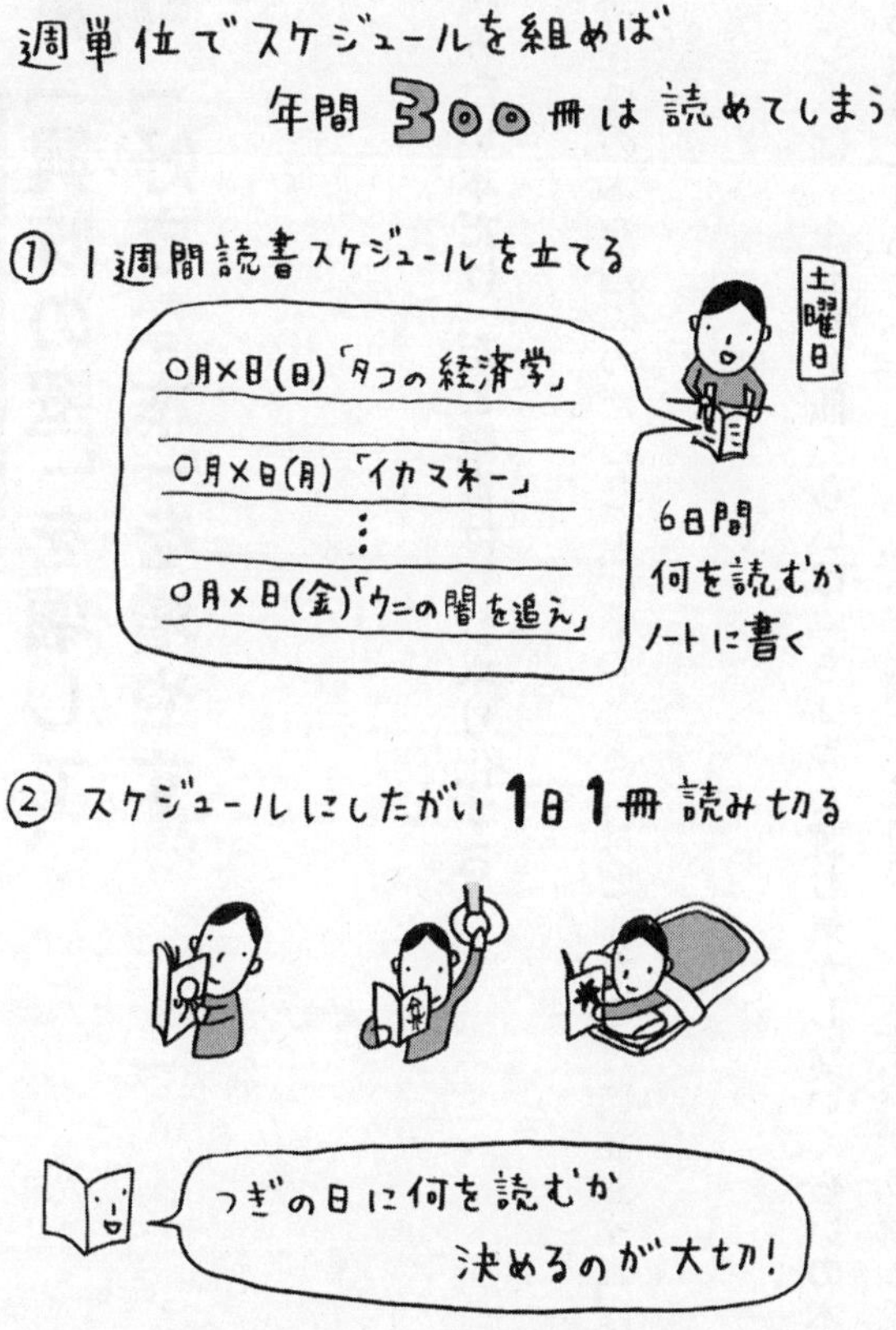
週単位でスケジュールを組めば
年間300冊は読めてしまう
① 1週間読書スケジュールを立てる
土曜日
○月×日(日)「タコの経済学」
○月×日(月)「イカマネー」
○月×日(金)「ウニの闇を追え」
6日間
何を読むか
ノートに書く
② スケジュールにしたがい1日1冊読み切る
つぎの日に何を読むか
決めるのが大切!

多読メソッド① 選書編

「興味の壁」を壊して、「好きな本」を増やす

▼「読みたい本だけ」だと読書はマンネリ化する

毎週6冊の本を選ぶのだとして、そのときにはどんなことに注意すればいいでしょうか？

ポイントは、**1冊か2冊くらいは「ちょっと読む気がしないくらいの本」を入れるようにする**ことです。いかにも自分が好きそうな本ばかり読んでいる

と、それはそれでマンネリ化してきて当然。

むしろ、これまで関心がなかったはずの本に感動するという体験こそが、読書の醍醐味の1つではないでしょうか？　**そうやって、自分の興味の範囲をどんどん広げていけるような仕組みを「本選び」のなかに入れておく**のです。

僕は音楽ライターとしてCDのライナーノーツも数多く執筆してきました。ライナーノーツというのは、CDの歌詞カードなんかのあいだに挟まっている「解説文」のこと。

音楽の趣味はかなり幅広いと自負していますが、執筆依頼をいただけるのは好きなジャンルや知っているアーティストのCDばかりではありません。むしろ、まったく興味がなかったアーティストのライナーも、これまでたくさん書いてきました。

大事なのは「興味を持ったことがなかった」のが過去の話だということ。ライナーノーツを執筆するにあたってしっかり聴き込んでいるうちに、そのアーティストや作品の魅力を発見することがほとんどなのです。

▼本を読む醍醐味は、関心が芽生える瞬間

性格的な面も影響しているかもしれませんが、好奇心を持って向き合えば、どんな音楽にも必ずすばらしい部分が見つかります。「こんな音楽に興味はない」と否定するのは、いちばん簡単だけれど、いちばんもったいない。肯定できる部分を見つけ出すほうがよっぽど前向きです。

そして読書にもまったく同じことがいえます。1日数冊の本を読み、週に10本以上の書評を書いていれば、最初は「読む気がしないな」と感じる本だってあります。しかし、たいていの本には「読んでよかった」と思う部分があるも

のです（全然ない本にもまれに出会いますが……）。

もちろん、嫌いな本をいやいや読む必要はないのですが、「興味の範囲を広げる」ことを意識し、本の「選り好み」を少しだけセーブしてみることもときには大切。その結果、フロー・リーディングの習慣がもっと刺激的なものになるはずだからです。

▼書評家とは「本のＤＪ」である

ただ、「読む本を選り好みするな」といわれても、なかなか難しい部分はありますよね。実際、自分の興味の範囲外の本で、しかも最終的に「読んでよかった」と思えるような本を探すのは、そう簡単なことではありません。

それでも方法はあります。おすすめしたいのが、**「他人」を使う**ということ。

ここでまた音楽の話をさせてください。80年代中期にDJカルチャーに感化された僕は、バーやボウリング場などでDJのまねごとをはじめ、90年代にはクラブDJとしても活動していました。

いくつかの理由があってクラブ活動はもうしなくなりましたが、いまでも下北沢や新宿のDJバーでイベントを開催しています（ぜひ、遊びに来てください）。

DJ（ディスクジョッキー）と聞いて、「ラジオでしゃべる人でしょ？」というベタな反応をする人はさすがに減りましたが、それでもまだ世の中のイメージとしては「クラブなどで音楽をかけるだけの人」というところではないでしょうか。

自分で楽器を演奏しない「手抜きのミュージシャン」みたいに誤解している人が多いように思うのです。

たしかにDJは音楽をかける人なのですが、もっと突っ込んでいうと、音楽をかけることで「場の空気」をつくるのがＤＪの基本的な役割です。

盛り上がりに期待するお客さんで溢れた週末のクラブなら、アッパーな曲をかけてどんどんフロアの熱を上げていきますし、落ち着いた雰囲気のラウンジでは、リラックスできるような選曲が必須です。静かな場所でアゲアゲのダンス・チューンをかけまくっても、それは単なる勘違い。

つまりＤＪには、場の空気に合った音楽を瞬時に選ぶセンスと知識が必要なのです。

そして書評家にも、ＤＪと共通する部分があると思います。

▼「他人のおすすめ本」を選り好みせずに読もう

ブックレビューで取り上げる本を選ぶとき、僕は掲載メディアごとの特性をかなり意識するようにしています。サイトによって読者の好みが違うため、そのお客さんたちに喜んでもらえるような本を選ぶようにしているのです。

何万人ものパーティーピープルが集まるフェスで八代亜紀さんの「舟歌」をかけても意味がないのと同じで、「ライフハッカー」でライトノベルを紹介しても、大半の読者には感謝されません。

必ずしもこちらの判断が当たるわけではありませんが、やはり相手の好みを汲み取ろうとする努力って大切だと思うのです。

なぜこんな話をしているのかといえば、**誰か他人に向けて本を選んでみること、そして、他人に本を選んでもらうことは、読書を楽しむうえで重要な意味がある**と考えているからです。

好きな本を人にすすめたくなることは誰にでもあると思いますが、それをさらに拡大してみてください。

友人でも恋人・夫婦でも同僚でもいいので、お互いに「この人はこんな本が気に入るんじゃないかな」という1冊をすすめ合ってみるのです。他人からすすめてもらった本が自分の気に入るかどうかは未知数ですが、ひょっとすると視野が広がったり新たな好奇心が芽生えたりといった体験ができるかもしれません。DJのように本を選んですすめ合うという方法、ぜひ試してみてください。

「でも、そんな読書好きな人がまわりにいないんだけど……」

そういう人のために僕は書評を書いています。巻末にURLを記載しておきましたので、こちらもぜひ本選びの参考にしてみてください。

多読メソッド① 選書編

「熟読の必要がある本」との正しい向き合い方

▼「物語」を読まないと、心が貧しくなる

第2章でもさらっと触れましたが、本書のメソッドが対象としているのは、主に「ビジネス書」とか「新書」といった、事実・主張を伝えるコンテンツであり、小説のようなストーリーコンテンツは含まれていません（61ページ）。

なぜなら、速く読める本（ビジネス書、新書など）と熟読の必要がある本（小説、エッセイなど）とでは、読む目的が違うからです。

非常に大まかながら、「本を読む目的」というのはこんなふうに整理できるのではないでしょうか。

① 事実・主張コンテンツ（ビジネス書・新書など）――自分を成長させるため
② ストーリーコンテンツ（小説・エッセイなど）――自分が楽しむため

もちろん個人差はあると思います。「純粋に楽しむためだけに新書を読む」という人もいるでしょうし、「ためになるから小説を読んでいるんだ」という人もいるでしょうから、ごく単純化した話だということを前提に話を進めさせてください。

本書の「フロー・リーディング習慣」による年間300冊読書計画は、「①事実・主張コンテンツ＝速く読める本」を1冊1日で読み終えることを前提としています。

しかし本好きの人ほど、この読書生活を送っていると、ちょっと物足りなくなってくると思います。時間を忘れてワクワクしながらストーリーに没頭する読書が恋しくなってくるからです。

▼時間をかける読書は「フリー枠」の日に

膨大なビジネス書を読むことが日々の仕事である僕も、「子どものころみたいに、物語の世界にどっぷり入り込みたいなあ」という気分になることがよくあります。もともとフィクションものが好きだということもあって、小説をまったく読まない日が続くと、ちょっと心がすり減ってくるというか。そこで、そんなときはあえてビジネス書と並行して小説を読みます。そうすることで、自分のなかのバランスを保っているわけです。

ただ、ひと口に小説といっても多種多様ですよね。僕もジャンルを問わずいろいろな本を読んできましたが、好きなのは中間小説（純文学と大衆小説の中間に位置する文芸作品）もしくは大衆小説のジャンルです。

なかでも、小難しい理屈がなくて、読み終えたときにスッキリする勧善懲悪《かんぜんちょうあく》のストーリーが魅力の、源氏鶏太《げんじけいた》という昭和の流行作家がいちばん好きです。かつてアメリカの人気作家ディーン・R・クーンツが『ベストセラー小説の書き方』のなかで「主人公をとことん追いつめろ。そしてラストはハッピーエンド。でないと読者は満足できない」という趣旨のことを書いていましたが、まさにポイントはここ。山がいくつもあってハラハラさせるものの、最後には丸く収まるという安心感が、読む人を魅了するのです。

もちろん日本の純文学だとか海外文学、SFやミステリー、時代小説、ライトノベル、旅行記、エッセイ、児童書などなど、好みは人それぞれです。

「小説はあんまり詳しくなくて……」という人は、発行部数の多いベストセラー小説などから入ってみるのもいいでしょう。アマゾンのマーケットプレイスやブックオフでも捨て値で買えますし、ベストセラーになったということは、純粋に内容が「おもしろい」ということでもあります。

ストーリー系のコンテンツを1週間のうちのフリー枠の日に読んだり、6冊の本と並行して読み進めたりしながら、読書生活を楽しむのもいいと思います。

多読メソッド②　本の入手編

本を選ぶ場所にバラエティを持たせる

▼多読できる人だけのちょっと贅沢な悩み

「ライフハッカー」で書評を書きはじめたのは２０１２年8月26日のことでしたから、かれこれ9年も続けていることになります。根が不器用なもので、いまだに「これでいいのかな？」「これじゃだめかな？」みたいに悩みながら書いているものの、ある程度のペースはつくれてきただろうとは思っています。

思い起こせば、書きはじめた当初は困ることだらけでした。ウェブは更新頻

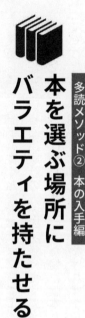

度が重要なので、「土日祝日を除いて毎日更新」という条件がついていました し、遅読にもかかわらず大量に本を読まなければならない。おもに月刊の紙媒体で仕事をしてきた僕にとっては、ウェブのことはよくわからなかったし、読者像もつかめない。まさに真っ暗闇での手探り状態だったのです。

ただ、これらのハードルはがんばり次第でなんとかなります。ところがもう1つ、どうにもならない課題がありました。それは「**読む本をどうやって手に入れるか？**」ということ。

僕がレビュー記事を書くと、本がアマゾンでよく売れたりすると認知されてからは、いろいろな出版社の人が本を送ってくださるようになりましたが、当時まったく無名の駆け出し書評家だった僕に献本してくれる人など誰もいませんでした。だから自分で本を手に入れなければならなかったのです。

▼新品の本だけを読む必要はない

たとえば週5冊分の書評を書く以上、月平均で20冊以上の本を手に入れなければなりません。ビジネス書の平均単価を１４００円だとして、すべての本を書店で購入していたら毎月３万円くらいの出費になります。人によって感覚は違うかもしれませんが、大金持ちではない僕にとっては、けっこうな額です。

これはみなさんにとっても他人事ではありません。年間３００冊をすべて書店で購入するとなると、1年で40万円以上かかります。普通の人はちょっと二の足を踏みたくなる金額ではないでしょうか。ですから、全部の本を新品で購入するというのは、ちょっと現実的ではないように思います。

また、これはお金の問題だけではありません。**読書生活をより楽しく豊かなものにする意味でも、「本を手に入れる場所」にバリエーションを持たせるこ**

とは大切なのです。

▼図書館に行こう！　視野が広がる選書術

当時、読む本に困った僕がまず足を運んだのは、図書館とブックオフでした。

フリーのライターとして、出版社に近いところで仕事をしていると、この2つは出版業界の敵であるかのような物言いをよく耳にしますが、結局のところそれは出版社側の事情ですし、たくさん本を読む人にとっては、どちらも貴重な存在であることに変わりはありません。多読生活を実現しようと思ったら、ぜひ図書館と新古書店も活用していただきたいと思います。

僕もこれまで、本当によく図書館のお世話になってきました。本が無料で借りられるというのもすばらしいのですが、普通の書店では見かけないような本に出会えることも大きな魅力です。

店頭スペースの限られている本屋さんは、なるべく「売れる本」だけを在庫として持っておきたいので、どのお店も似たような品揃えになりがちですし、目立つところには最新刊が並べられる傾向にあります。

一方、図書館は、司書の方が独自のセンスで選んだ本や、利用者がたまたま入荷を申請した本などもたくさん置いてあり、それぞれにかなり特色があります。

慣れてくるとだんだん気づいてくると思いますが、棚の分類の仕方も本屋さんとはけっこう違っていたりします。ですから時間をかけて館内を歩いているうちに、「なんでこれまでこの本を知らなかったんだろう！」といいたくなるような1冊が見つかることも少なくありません。

思わぬところから、興味の枠が広がっていく機会を与えてくれるのです。そこで、毎週の読書のための何冊かは、図書館で借りることをおすすめします。

なによりも図書館には、そこにいるだけで落ち着ける不思議な雰囲気があります。ある意味では、それが最大の魅力だともいえるでしょう。

▼新古書店に行こう！　宝を掘り出す楽しみ

一方、ブックオフに代表される新古書店は、雰囲気という点では図書館には遠く及びませんが、こちらもまた図書館とも書店とも違った独特の品揃えをしています。本が持つ価値はあまり考慮せず、機械的に値づけしているので、思いもよらないレア本を安価で入手できるというメリットもあるのです。

店内に並んでいるのは基本的に、「以前の持ち主が『手放してもいい』『手元に置いておかなくてもいい』と判断した本」なわけですから、いい本に出会える可能性は少々低いかもしれませんが、そこから掘り出しものを見つけるのも楽しみの1つです。割り切って使えば、大いに利用価値はあります。

一方、本好きにとって欠かせないのが、いわゆる古本屋。新刊書店では味わえない個性的な魅力があります。

▼リアル書店に行こう！「売れてる本」を読む意味

中古本の話ばかりするようですが、自分が読む本のうちの何冊かは、やはり新刊書を扱う本屋さんで「自腹を切って」買うことをおすすめします。

もちろん、アマゾンのようなネット書店も便利ですし、そこでの「おすすめ」の精度には目を見張るものがあるのは事実なのですが、やはり僕は実際に本を手で触れて確認できるリアル書店が好きですし、毎週1回は本屋さんに足を運ぶことをおすすめしたいですね。

リアル書店がプッシュする商品はどうしても新刊や売れた本が中心になりますが、逆にいえば、世間のトレンドを強く反映した棚づくりがされているということです。いまどんなことが話題になっているのか、世の中の人はなにに興味があるのかを知るうえでも、書店の店頭ほど便利な場所はないように思います。

多読メソッド③　本の管理編

読書を愛する人ほど、本とうまく別れている

▼多読家たちを悩ませる「本棚どうする？」問題

ここまで「本をどうやって選ぶか」「どうやって手に入れるか」という2つの課題について語ってきました。

この2つをクリアし、実際に多読生活がはじまると、最後にのっぴきならない問題が起こってきます。それは**「読み終えた本をどうするのか？」**ということ。

僕の場合、1日数冊ペースで手元の本が増えていくわけです。そのため忙しさにかまけて読み終えた本をそのままにしておいた結果、仕事部屋が大変なことになったことがありました。1年で約700冊増える計算だとすると、よっぽどの豪邸にでも住んでいない限り、すべてを保管しておくのはとうてい無理です。

したがって、「読み終わった本をどう処分すべきか？」という問いは、多読生活と切っても切れない関係にあるわけです。そこで、僕なりの「本棚管理術」をご紹介することにしようと思います。

かつて、「本は財産である」という価値観はかなり一般的でした。学生時代の僕もまた同じ思いを抱き、重厚な本が整然と並べられたシックな書棚やそれが似合うおしゃれな書斎に憧れたりしたものです。本を単なる〝インテリア〟として扱うことの是非はさておくとしても、大量の本を「所有」することが、かつてある種のステイタスだったのは事実でしょう。

「かつて」といったのには意味があります。もはや、物理的な存在としての本を「財産」として見る時代は終わったと感じているからです。

▼不要な本を捨てると、もっと本が好きになる

以前は僕にも、読み終えた本やこれから読む（つもりの）「積ん読本」が増えていくことに、喜びを覚えていた時期がありました。本が積み上がっていく光景が「本好き」の心を揺さぶるのは事実なので、日に日に高くなっていくそれを見上げてはニヤニヤしていたりしたわけです（怪しい）。そんな状態が普通ではないことに気づいたのは、本が増えすぎて「いよいよ部屋がヤバいぞ」という段階に近づいたときでした。

「ここにある本、今度いつ開くんだろう？」

お気に入りの本を何度も読み返すという人はいると思いますが、基本的に一度読んだ本を再び開くことってほとんどありません。僕の場合、「積ん読本」のなかには1年以上前に買ってそのままになっているものもありました。

そのことに気づいたとき、ものすごくうんざりした気分になってしまいました。そこで持っていた本のおよそ半分くらいをまとめて処分することに決めたのです。

思えば、以前にもこれとそっくり同じ体験をしたことがありました（昔は「捨てられない性格」の人間だったのです……）。

音楽ライターをメインに活動していたころ、書斎はものすごい数のレコードで埋め尽くされていました。かつては「このレコードはすべて僕のものだ」という幸せな所有の感覚を味わっていたのですが、いつしか圧迫感と埃っぽさがそれを上回るようになってきたのです。

そしてついに、部屋にあったレコードを大量処分することにしました。その数、およそ８０００枚。かなりのレア盤もあったので迷いましたが、一方、その経験から得たものがたしかにあったのも事実。

「本当に必要なレコード」と「必要のないレコード」をギリギリのところまで絞り込んでいった結果、「自分が本当に好きな音楽」が見えてきたのです。これは、ムダを極限まで削ったからこそ行き着いた境地なのだろうと思います。

そんな経験があったからこそ、部屋にある本を「半分に減らそう」と決めたのです。その結果、僕の気持ちには２つの変化が訪れました。

まず１つは、部屋が片づくことによって、生活や仕事に向き合う気持ちがよりポジティブになったということ。

そしてもう1つが、**新たな本との出会いがますます楽しみになった**ことです。

それ以来、僕は定期的に本を処分するようになりました。といっても捨てるのではなく、「それ、読みたいです」という若い知人になるべくあげるようにしています。

「本を処分する」ということに、ネガティブなイメージを持っている人も多いと思いますが、人生を豊かにしてくれるはずの本が、生活環境をどんどん悪化させていくなんて本末転倒です。**ストック（貯蔵）をやめてフロー（流動）に切り替えることは、「本の読み方」だけでなく、「本の管理」についてもいえること**なのです。

多読メソッド③　本の管理編

「処分してもいい本」はこう見分ける！

▼ガンコな積ん読を解消！　書棚の「フロー管理術」

とはいえ、処分すべき本を判断するのは難しいですよね。「本の置き場」の議論になると、決まって「電子書籍があるじゃないですか？」という話になります。

いままさに、この本を電子書籍で読んでいる方もいらっしゃるかもしれません。

僕自身は決して新しいメディアを否定するつもりはないのですが、とはいえやはり「紙の本」派の人間です。何度か電子書籍を試してみようとしたことはありますが、どうも心が動きませんでした。

たしかに電子書籍を取り入れれば、物理的なスペースは不要になりますから、無限に本を所有することができるようになります。しかし僕が問題にしたいのは、置き場所のことだけではないのです。

置き場所がどれだけあっても、1人の人間が把握できる本の数には限りがありますから、やはり蔵書にある程度の「フロー」を導入し、風通しをよくしておくに越したことはありません。つまり、これから僕が語ろうとしているのは、どんな豪邸に住んでいる人にも役に立つ「書棚の管理術」です。

処分すべき本を見極めるセンスを養いたいのであれば、定期的に書棚をメンテナンスするべきです。僕も実際にやっているのですが、これをやるだけで不要な本がかなり処分しやすくなります。

▼「背表紙の可視化」と「時系列並べ」が基本

まずは、すべての本を書棚に並べてください。

「積ん読」になっている本は横倒しになっています。そのせいで、どこにどんなタイトルの本があるのかがわかりづらくなっているのです。そこで、まずはタイトルがしっかり読めるように本を立てて並べることからはじめようという発想です。

ここでのポイントは、ちゃんと**背表紙が「見える」ようにすること**。書棚がいっぱいであれば床に並べてもいいので、本屋さんに並んでいる商品のように整然と並べるわけです。

もう1つおすすめなのが、本の奥付（書誌情報などを記載したいちばん最後のページ）を見て発行日を確認し、**古いものから新しいものの順に並べていくこと**。

すると、その時点で「これは必要ないな」という本が何冊かが出てきます。「読めていないまま、2年くらい経っているなあ」とか、「もう10年も前の情報だから、内容的にはだいぶ古くなっているぞ」とか。とくにビジネス書などは、時代状況を踏まえて刊行されるものが多いので、古くなったものは積極的に処分していくようにしましょう。

それでもなかなか踏ん切りがつかないときは、〝いつでも再会できる〟ことを意識してください。

もしもその本がどうしてもまた必要になったとしても、中古本市場や図書館、電子書籍などで、簡単に手に入るのです。いまはインターネットで探せますから、「二度と手に入らない本」などというものは、よっぽどの稀少本でない限りまずありません。

多読メソッド③　本の管理編

本棚はいつも自分自身を映す鏡

▼本棚メンテナンスは「3カ月ごと」がルール

この作業のポイントは、何度も続けることにあります。一度は決心したとしても気持ちがまたもとに戻る可能性は大いにありますから、本を処分する作業を習慣化してしまうのです。いちばんいいのは、**3カ月ごとのペースで書棚メンテナンスの作業をすること。**理由は3つあります。

理由① 直近3カ月に読んだ本にも不要なものはある

まず最近読んだ本についてですが、「もう一度読むことはないと思うけど、まだ読んだばかりだし、もう少し手元に置いておこう」という気持ちはよくわかります。

しかし、いま不要だと感じているのであれば、しばらく手元に置いておく理由はありません。効果的な「書棚フロー」を生み出すために、不要になった本はすぐ処分することを習慣にしましょう。

理由② 3カ月前の新刊は、もはや新刊ではなくなっている

意外な落とし穴が、新刊の魔力です。刊行されたばかりのピカピカの新刊本は、新刊だというだけで手元に残しておきたくなるパワーがありますよね。ただ、いまの社会のスピード感からすると、どんな新刊も3カ月もすれば新刊ではなくなります。

実際、とても斬新でかっこよく見えていた本も、3カ月くらい経つと「それ

ほどではないもの」に見えてくることがあります。3カ月前にはとても捨てる気にはならなかったとしても、いま「いらない」と感じたのなら、このタイミングで迷わず処分するべきです。

理由③ 以前残した本が、いまも残すべき本だとは限らない

本というものは、「書店で購入したとき」がもっとも魅力的であるといってもいいかもしれません。

本たちは「私を買ってください！」と必死にアピールしています。数多ある本のなかからあえてその1冊を手にしたのは、自分にとってその本が輝いて見えたから。結果として相思相愛の関係が成り立てば、その本は買われることになるわけです。

しかし、問題はここから先です。情熱的にはじまった恋愛が必ずしもずっと続くわけではないのと同じように、本との関係にも終わりが訪れることはあり

本棚を整理するためのシンプルなやり方

① 全部、背表紙が見えるようにして
本棚に立てる（入りきらない場合は床に）

② 本を「古いもの」→「新しいもの」の順に並べる

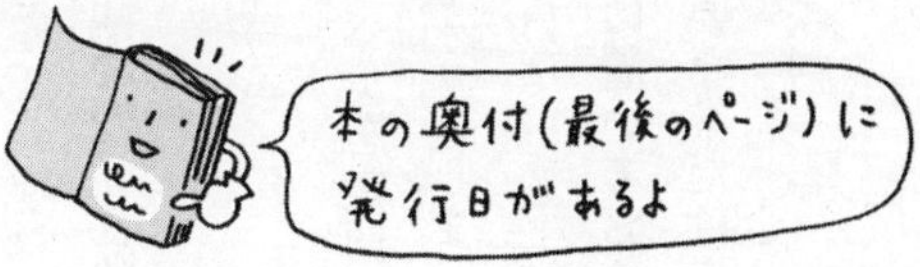

③ 古いものから優先して**「不要な本」**を
ピックアップ

④ 3カ月ごとにこの作業を繰り返す
（1年以上開いていない本はひとまず手放す）

ます。出会ったときのときめきが、3カ月後に保たれているとは限らないのです。

また、購入後に実際に読んでみて「すばらしい本だ。手元に置いておこう」と感じた本ですら、読者の価値観の変化に伴って「不要な本」に格下げされる可能性は十分あります。

それぞれの本に対する愛情レベルを定期的に確認し、「惰性でつき合っている本」がないかをチェックするようにしましょう。

毎回チェックを無難にすり抜けている「常連」であっても、**「1年以上開いていない」ようであれば、手元に置いておく価値はまずありません。**

こうして「いまの自分」に必要な本だけを残すようにすれば、好みが反映された完璧な書棚を実現できるのです。

▼「捨ててはいけない本」から本当の自分が見えてくる

「処分していい本」がある以上、「処分してはいけない本」もあるということになります。

というより、読書家にとって本来大切なのは、どの本を捨てるかではなく、どの本を手元に残すかです。そして、「どんな本を残しておきたいのか？」と考えてみることは、自分の価値観や趣味・趣向を再認識するいいきっかけになります。残した本から「自分自身」が見えてくるのです。

では、「捨ててはいけない本」「残すべき本」とはどのようなものでしょうか？

もちろん、人によって違います。重要なのは、自分のなかに「基準」を持ち、それに基づいて判断するということです。

また、本書のメソッドを生かす方法もあります。「1ライン・レビュー」が12本たまるたびにレビューを読み返し、そこから「ベストの1冊」を選ぶという話を書きました（105ページ）。1週間で6冊読む人であれば、2週間に1回のペースでこうした「振り返り」を行うことになります。

こうやってレビューそのものを見なおすと、「本を残す／残さない」を判断する際の基準になります。

定期的に自分の読書体験を評価する習慣を身につけておけば、手元に残しておきたい本が自ずと見つかるようになります。ぜひお試しください。

終章

多読家になって見えてきたこと

▼9歳のときの事故

さて、いよいよ本書も終章に入りました。

いろいろ偉そうなことを書いてきましたが、ここでは少しだけ、自分自身のことについて触れたいと思います。僕が体験してきたことの一部を知っていただければ、「へー、こんなやつにでも本がたくさん読めるようになるんだ」とわかっていただけるのではないかと思って。

よく、「誰の人生でも1冊の本になる」といわれますが、生きていればたしかにいろいろなことがあるものです。そして、そのいくつかは一生ものの分岐点になったりもします。

わかりやすくいえば、なにかの出来事がきっかけで、昨日と同じ今日が来なくなることがあるわけです。僕の場合、とくに9歳のときの体験が、その後の人生に大きな影響を与えることになりました。

小学4年生に上がってすぐの4月、いちばん最後の日曜日のことでした。2年生の弟をうしろに乗せて自転車をこいでいたところ（……って、2人乗りをしていた時点でアウトなのですが）、下り坂で急にブレーキが効かなくなり、そのままバランスを崩して頭を地面に打ちつけてしまったのです。

それから数分後に意識を失った僕は、長いあいだ意識不明になりました。意識が戻らない状態が3週間以上続き、医師にも「99％、命の保証はできません」といわれていたのだそうです。

もちろん、いまこうして文章を書いている以上、そのあと僕はちゃんと目を覚ましたわけですが……。

自転車で転んだのは覚えていましたが、そんな大変なことになっていたとは夢にも思いませんでした。

最初はあっけらかんとしていたものの、詳細を聞かされるうちに、漠然とした、けれど決定的な絶望感がじわりと自分の内部に広がっていったことを、いまでもよく覚えています。子ども心ながら本当にショックだったのです。

それ以来、「自分の頭は壊れてしまったのだ」という思いが離れなくなりました。

「みんなも『印南《いんなみ》くんは壊れた』と思っているに違いない」といつも考えていましたし、実際、学校でも近所でも奇異な目で見られることは少なくありませんでした。

▼父親が編集者なのに、読書に「苦手意識」が…

「僕は壊れてしまったのだから、なにをやってもだめだろう」という諦めの思いが自分のなかに根を張り、10代のころは本当に何事もうまくいきませんでした。

そして、僕にとってなによりも辛かったことの1つが「読んだり書いたりすることができなくなってしまったのだろう」という「思い込み」でした。

もうずいぶん前に亡くなりましたが、僕の父は編集者でした。昼前に家を出ていき、作家の接待が多かったため帰宅はたいてい深夜。泥酔して帰ってきては3時ごろに大声で下手な歌を歌ったりしていたので、近所の人はたまったものではなかっただろうと思います。いまならすぐに通報されそうなレベルです。

とはいえ、子どもにとって父は父。憧れの気持ちはあったし、将来は同じような仕事をしたいと漠然と感じてもいました。

なによりも僕は、本が大好きな少年だったのです。

ただ、怪我をきっかけとして、「頭を怪我した自分が、本をつくる仕事になんか就けるはずがない」と思い込むようになったのです。

……と、これ以上書くと、ただの不幸自慢みたいになってしまうので、これくらいにしておきたいと思いますが、とにかく当時の僕は、「世界でいちばん不幸なのは自分だ」というくらいの気持ちでいたのでした。

いまだからこそわかりますが、「自分は壊れてしまった」とか「自分はできない」とか「読み書きの能力が低下した」といった思いは、すべて僕が勝手につくり上げた思い込みです。

実際、事故のときの怪我はとっくに治っていましたし、実は読書スピードもほとんど変わっていなかったように思います。入院中はヒマでしたから、1日に2冊くらい読んでいましたし。

こんな話を書いたのは「遅読家」というのもまた、その人の思い込みで生まれた幻想だと僕が信じているからです。

「本を読むのが苦手で……」という人に理由を聞いてみると、「活字を追うことができない」とか「頭がよくないから内容が理解できない」など、その時点で自分の能力に対して結論を出してしまっている人が少なくないのです。

そうした苦手意識って、多くの場合、ほんの些細な失敗体験やトラウマからなどから生まれているものです。もしかしたら自分で決めつけているだけで、本当はもっと本が読めるのかもしれません。

そもそも、「遅読家」である自分にずっと違和感があって、「もっと速く読めるのではないか」という思いがあったからこそ、本書を手にとってくださったのではないでしょうか。

自分自身の経験からもはっきりいえますが、無意識のうちに貼ったレッテルを剥《は》がしてみれば、意外と簡単に〝本が読める自分〟と出会えるチャンスはあるのです。

▼本なんか読まなくてもいい！　だから「読書生活」は楽しい

もちろん読書は強制されるべきものではありません。音楽も本も「なくてもいいもの」だということは動かしがたい事実だと思います。

ヒネクレ者だと思われるかもしれませんが、タワーレコードの「NO MUSIC, NO LIFE」という有名なキャッチコピーを見ると、いつも「そんなことはないと思うけどなー」と感じます。

かつて実験的に、大好きな音楽を聴かないまま1カ月程度を過ごしてみたことがあります。そのときはとても驚きました。

音楽ライターとして膨大な音楽を聴く日々に疲れていたからかもしれませんが、「音楽断食」の1カ月もそれはそれで快適だったからです。そして同時に、

「音楽がなくても生きていける」という事実がいかに大切かということも認識しました。

「なくてもいいもの」だということを前提にしたうえで、「音楽があると、生きていくことはもっと楽しくなる」という感覚を持つほうが大切だと考えているのです。

そして、ずっとそう考えてきたからこそ、本や読書についても同じように感じるわけです。たしかに、**本がなくても生きていける**のです。ちょっとなにかを調べたければインターネットのほうが便利ですし、情報や刺激がほしければスマホのほうが手っ取り早い。

でも、「**やっぱり本がある生活のほうが、ない生活よりはずっと楽しい**」

──これは僕にとって動かしがたい事実です。

第1章でも触れたとおり、僕は音楽と本に大きな影響を受けてきました。現実問題として、どちらも自分にはとても大切なものです。しかし、そうであるからこそ、「本が〝ある〟ことで、自分の人生がどう変わるのか」を考えるべきだと思うのです。

そして、みなさんの人生にとって、本が〝ある〟ほうがいいのだとすれば、僕が紹介してきた読書スタイルはきっとお役に立つはずです。そう信じているからこそ、この本を書こうと思い立ちました。

▼「教養のために読書」？　そんなのつまらない！

本を1冊読み終えるごとに、「身につくこと」は確実にあります。いままで知らなかった情報や知識であったり、自分にはなかった感性や価値観だったり……。手帳に1ライン・レビューが次々とたまっていけば、たくさんの本を読んできたという達成感と、記録が蓄積されていく満足感も味わえるでしょう。

ただ同時に、注意しなければいけないなと思うこともあります。

それは、目的がぶれてしまわないかどうか。

読書量が増えていけばいくほど、より多くのものを得たいと感じるようになるのは当然だと思います。しかしその結果として、知識や教養を得ること自体が目的になってしまうことがあります。

たくさんの音楽を聴くうちに、ジャンルやアーティストの名前やその他の蘊《うん》蓄《ちく》をため込んだ「音楽マニア」になる人がいます。音楽そのものを楽しむというよりは、音楽について知ることが目的になっているような人です。こういう人とつき合うのはちょっと面倒だったりしますが、もちろん楽しみ方は人それぞれですから、とやかくいうつもりはありません。

一方、本についても同じようなことが起きます。知識を得ることを目的にした読書が危険なのは、音楽の場合とは違って、その当人までもが傲慢になるケースがあるからです。

知識が増えたからといって、その人が偉くなるわけではありません。ブランド物をまとった人が「自分はおしゃれな人間だ」と勘違いするのと同じように、知識を集めることに酔った人は「自分は優れた人間だ」と思ってしまいがちなのです。

だからこそ、僕は「教養を身につけるための読書」とか「自分を高める読書」とか「現代を生き抜くための読書」というフレーズを聞くと、大いに違和感を覚えます。

もちろん、本を読んだ結果として、そういう効用が期待できることは否定しません。でも、これらはすべて本を読んだ「あと」のことにフォーカスしており、読むことそれ自体には価値を置いていません。教養を身につけたり、自分を高めたりするための、つらい修行のように読書を捉えているように思うのです。

でも、そんな読み方をしていたら、本が楽しめなくなりませんか？

「なにかのための読書」なんてつまらない！

「現代を生き抜く教養」を得る手段として本を利用しても、結果的に得るものは多くありません。それよりも、「たくさんの本を読む」プロセスそのものを楽しめるようになっていただきたいのです。

おわりに

10年後には「700冊の世界」が待っている

いまの僕はだいたい1日2冊ペースで本を読んでいますから、現時点で年間700冊以上のペースで読書していることになります。ということは、10年後には7000冊の本を読んでいたとしても不思議ではない――。

本書の「はじめに」でこんなことを書きました。ここまで読んでくださった方、あるいは、本屋さんでこの「おわりに」を立ち読みしてくださっている方は、そんな「壮大な未来」に魅力を感じられたのかもしれません。

一方で、この多読生活を実現した僕がいま、改めて考えていることがあります。

それは「10年後の7000冊」よりも大切にしたいことです。

僕はいままで生きてきたなかで、ジャンルや時代を問わず、世界各国のいろいろな音楽を聴いてきました。当然のことながら、経験や年齢を重ねるごとに知識は増えていきますから、結果として凝り固まっている部分もあるでしょう。しかし、だからこそ、この1つのことだけは、絶対に忘れないようにしようと思い続けてきたのです。

それは、「13歳のときの気持ちを決して忘れない」ということ。

小学校から中学校にかけてのいわゆる思春期（12〜14歳くらい）は、ご存じのとおり人生でいちばん多感な時期。僕自身、音楽にしても本にしても美術にしても、この時期に吸収したものは、いまだに自分のなかでとても大きな部分を占めています。

知識がなかったあのころは、どんな音楽を聴いても新鮮に感じました。だから音楽を聴くことは〝新たななにか〟を吸収することに等しく、とても楽しかったのです。

音楽に限らず、そういう経験は、誰にでもあるものではないでしょうか？

なかなか難しいことではありますが、僕はいつも「13歳の気持ち」を忘れずに音楽を聴き、本を読みたいと思っています。


いまのように1日で2冊も3冊も読んでいると、知らず知らずのうちに、読むことそれ自体が「作業」になってしまいがちです。内容がどうという以前に「数」や「ペース」を重視してしまっていることは僕にもあります。

そうなりかけている自分に気づくと、僕は「13歳のときの気持ち」を思い出すようにするのです。ワクワクしながらページをめくることに夢中になっていた、あのときの気持ちです。

たしかに、10年後には7000冊の本が目の前に積み上げられるのかもしれません。

しかしそれよりも、10年後にも「13歳の気持ち」で本を読んでいられることのほうがずっと重要ではないでしょうか。

その気持ちがあれば、年齢や経験に関係なく、一生、感動できる本に出会えるはずですから。

最後に、対談にご参加いただいた天狼院書店の三浦崇典氏、２０１６年の単行本刊行時にお世話になったダイヤモンド社 書籍編集局の藤田悠氏、文庫化に際してバックアップしてくださったＰＨＰ研究所 第一制作部の中村悠志氏に感謝いたします。

２０２１年７月１日

印南敦史

特別対談

印南敦史×三浦崇典（天狼院書店店主）

文庫化にあたって、『1シート・マーケティング』（ポプラ社）の著者であり、天狼院書店を経営する三浦崇典氏との対談をおこないました。

2021年6月9日収録

▼フローリーディング習得者が増えれば、本屋も喜ぶ!?

三浦：まず、本屋の店主として印南さんに御礼をお伝えしたいと思います。この本がたくさんの方に読まれれば、フロー・リーディングを習得する人が増える。結果として、一人の人が読む本の数が増える。つまり、お客様がこれまで以上に本を買ってくださるということですから、本屋としては大変ありがたいのです。

印南：それは光栄なお言葉です。でも実は、本書を企画したきっかけはとてもカジュアルなものだったんです。担当編集者との、**「本が読めなくなったという人が多いよね。もっと本を気軽に、たくさん読むにはどうすればいいんだろう?」**という飲み屋での会話が発端だったので。それでいろいろな人に話を聞いてみたら、「本を読むのは好きだったのに、社会人になって読むのが遅くなった」とか「もっと本を読みたいけど、時間がなくて読めなくなった」という声がとても多かった。そこには共感できるものがあったし、だから、「そこをなんとかできないかな」と感じたんですよね。

三浦：そうすると、この本の目的は、「本というものは、しっかりと時間をかけて読まなくてはいけない」というメンタルブロックを壊して、読書の敷居を下げることにあるわけですね。最初に、タイトルを見たときに、「フロー・リーディング」とあったので、いわゆる心がフロー状態になって集中して読む手法かと思ったのですが、全然違いました。

印南：そうなんです。ここでのフローは「流す」という意味ですね。本に書かれていることを、頭のなかに流すように読めばいいんだと。

三浦：僕は、平野啓一郎さんの『本の読み方〜スロー・リーディングの実践』（PHP文庫）に書かれている考え方が昔から好きで、天狼院書店でも書籍を展開しています。だから、最初は「流す」のとは違うかなと思ったのですが、印南さんもおっしゃっているように、よくよく考えると、じっくり読んだり、急いで読んだり、必要なところだけ読んだりと、実際には僕もいくつかの読み方を使い分けていたことに気がつきました。

▼知の巨人は例外であって、真似する必要はない

印南：僕がもっとも伝えたいのは、読書はもっとカジュアルなものであって

いいということです。極論ですが、「**読めなくて当然。遅くて当然。忘れて当然。だって人間なんだから**」というシンプルな考え方。たとえば僕は、1冊の内容のうち、9割は覚えていなくていいとも提唱しているんです。本を読むときには「きちんと読まなければ」というような気持ちが先に立ってしまいがちですが、そもそも内容すべてを記憶するなんて不可能。でも、1冊のうちの1割、場合によっては、1行だけでも心に響くフレーズが見つかれば、その人にとってその読書は大成功だと思うんです。

三浦：本は1冊1500円とか、2000円くらいですから、1行だけでも充分に元は取れますね。

印南：でも多くの人は読書に対して、自分で高いハードルをつくってしまう。でも、その必要はないんですよ。誤解を恐れずにいえば、「**たかが読書**」**なのだから、もっと気軽に読めばいいんです**。その読書は自分のためのものであって、人のために読んでいるわけではないのですから。

三浦：多くの方が本を高尚なものと考えすぎているのかもしれませんね。印南さんの本にも書いてありますが、すべての本に対して「勉強しなければならない」と思う必要はないと僕も思います。勉強のための本、娯楽のための本、とくに理由がないけれど読む本というように、さまざまな読書があっていい。印南さんは、「音楽を聴くように読書する」ことをすすめていらっしゃいますが、ポテトチップス、スナック菓子を食べるくらいの気持ちで読む読書があってもいい。

印南：おっしゃるとおりだと思います。別に音楽に詳しくなくても、カフェで流れている音楽をふと耳にして「いい曲だな」と感じたりすることがあるじゃないですか。読書もそれでいいと思っていて、それがフロー・リーディングの発想の原点です。

1つポイントがあるとすると、**フロー・リーディングは「速読」とは違うということです。速読の場合、ともすると「速く読む」ことが目的になってしまいがち。**でも、速度が目的になってしまうのはおかしな話じゃないですか。ですからそういう意味でも、フロー・リーディングする際には、フックの存在を大切にしてほしいと思っています。たとえば電車のなかで——場所はどこでもいいんですけど——何気なく本を読んでいるときに、ふと記憶に残る1行あるいは1フレーズと出会ったりすることがありますよね。結果的にそれは記憶に残って、あとから「あの電車に乗っていたとき、ここを読んでいたんだよな」などと思い出したりすることもある。そういう体験が、意外に大きな意味を持つものだと考えているんです。

三浦：たしかに、強烈な読書体験をすると、ページの右下あたりに書いてあったというように、どこに書いてあったかまで記憶しているケースがありますね。

印南：だから、天狼院さんの単なる「本」ではなく、「その先の体験」まで提供するというコンセプトには大賛成です。ただ本を読むだけではなく、体験することはとても重要だと考えているんです。

▼なぜ、僕たちは読書のハードルが低いのか

印南：ところで三浦さんは、どうしてそんなにたくさんの本を読むようになったのですか？　なにかきっかけがあったのでしょうか？

三浦：これは祖父の影響が大きいと思っています。子どものころ、なぜか、本に関しては「無限にお金を使っていい」という謎のルールがあったのです。祖父がお小遣いとは別枠を用意してくれていたので、空気を吸うように本を読んでいました。

印南：ビックリです。実は僕の家もそうでした。あんまり欲しいものは買ってもらえなかったんですけど、父親が編集者だった影響もあってか、「本だけはいくら買ってもいい」といわれていたんです。ですからいま、僕も自分の子どもに同じように伝えています。

三浦：それはすばらしいですね。漫画や雑誌でもいいんですか？

印南：うーん、できれば本がいいかな……（笑）。もちろん、漫画を否定するつもりはまったくありませんけどね。親父が漫画雑誌の編集をやっていた時期があったので、僕も物心がついたときから『週刊少年マガジン』『週刊少年サンデー』『週刊少年ジャンプ』『週刊少年チャンピオン』『週刊キング』を毎週読める環境で育ちましたし。

三浦：全部とはすごい！

印南：たまたまそういう環境だっただけですけどね（笑）。ちなみにいま1つ困っているのは、小学生のころは毎日のように本を読んでいた娘が、スマートフォンを持たせたころから急に読まなくなってしまったことです。

三浦：可処分時間がスマートフォンに奪われてしまったのですね。そうやって考えると、やはり、子どものころからの読書習慣も重要ですね。**これを読んでいる方でお子さんがいらっしゃるなら、月いくらまでは本に使ってもいいというルールをつくってみるといいかもしれません。**

印南：いいですね。あと、書店経営をされている方の前で大変申し訳ないのですが、ブックオフのような新古書店を使ったり、あとは図書館を利用するのもいいと思います。そういえばこの前、ブックオフの夏目漱石のコーナーに

4、5人の中学生が集まって、「俺、これ読んだ」「僕はこれはまだ読んでいない」と話し合っていたんですよ。なんだか、あれはうれしかったな。世の中では「読書人口が減った」とか「若い人は本を読まない」などといわれますし、たしかにそうなんだろうなとも思います。でも、減ったことばかりに目を向けるのではなく、彼らのような子どもをいかに増やすかということに目を向けたほうが建設的だと思うんです。そういった層にアプローチしたほうが、読書の楽しさが広がっていく可能性が高いんじゃないでしょうかね。

三浦：おっしゃるとおりです。そういう意味では、漫画から入るのも悪くはないと思います。天狼院書店は、高校生の多い地域にあるプレイアトレ土浦（茨城県）さん、若いお客様も多い心斎橋パルコ（大阪府）さんにも出店していますが、『鬼滅の刃』とか『呪術廻戦』といった人気漫画がものすごい数売れます。テレビや漫画から入って、物語のおもしろさに触れることで、小説を読んでみようと思ったり、歴史に興味をもったりする可能性は充分にあるのではないでしょうか。2020年の鬼滅の刃ブームは、いいきっかけになったと思います。

そういえば、僕の読書の入り口もテレビでした。小学校2年か3年くらいのときに渡辺謙さん主演の大河ドラマ「独眼竜政宗」が放送されていたのがきっかけです。僕は宮城県出身ということもあって、「おらほの殿様かっこいい」となったのです。そのあと、横山光輝さんの漫画『伊達政宗』を読んで、最終的には、祖父が買ってくれた漫画の「日本の歴史」シリーズをヘビーローテーションしてしまったんです。そういう経験があったので、高校に入ってから司馬遼太郎を読むのに違和感がまったくありませんでした。

いまの若い人たちも、まずはネットフリックスなどで『鬼滅の刃』や『呪術廻戦』のアニメと漫画で物語の楽しさに触れたあとに、小説に移行するのもいいのではないでしょうか。

印南：わかります。僕も小学校5年生のころに放送されていたNHKの人形劇『新八犬伝』にハマったことがきっかけで、曲亭馬琴の『南総里見八犬伝』を読んだりしました。そういう体験って大切ですよね。

▼読書への入口をたくさんつくる

印南：それと僕は常々、文学的価値みたいなものを意識しすぎると、読書のハードルが上がってしまうと考えているんです。でも大切なのは読書への〝入口〟があることで、そういう意味ではライトノベルから入ったっていい。ラノベを通じて本を読む習慣がつけば、いつかラノベでは満足できなくなって「違うタイプの本を読んでみたい」と純文学に進むかもしれない。そういうことが重要だと思うんですよね。

僕に関していえば、昭和の高度成長期の大衆小説家である源氏鶏太《げんじけいた》さんの作品が大好きなんです。ストーリー展開が明快でわかりやすいこともあってか、映画化、ドラマ化された作品が90本くらいあるんです。しかも『英語屋さん』（集英社文庫）などで直木賞も受賞しているのに、いまは全然知られていない。それは、大衆小説には文学的な観点から評価されることがないからです。でも、おもしろいものはおもしろいんだから、それでいいと思うんですよね。

毎日仕事で本を読んでいるからこそ、たまに疲れたときとか、気楽に読める源氏先生の小説を読むとほっとしますね。いちばん好きなのは、週末の会社の平穏な情景を描いた『明日は日曜日』（ちくま文庫）かな。『サザエさん』のサラリーマン版みたいな感じです。いずれにしても僕としては、**文学的価値よりも、自分が楽しめる読書、自分が自分でいられるための読書を大切にしたいんですよ。**

三浦：昔の文豪と言われる人たち、たとえば、松本清張とかは純文学も大衆文学も関係なく書いていましたよね。

印南：そうですね。それでいいと思うんです。そういえば、数年前からちくま文庫で源氏作品が復刻されているんですが、『家庭の事情』（ちくま文庫）という作品の解説を担当することができたんですよ。非常に光栄でした。

三浦：それはファン冥利に尽きますね。筑摩書房さん、いい仕事をされるなぁ。

印南：ですから、三浦さんがおっしゃるように、鬼滅でも、ラノベでも、大衆小説でも、とにかく入り口をいっぱいつくればいいと思うんです。

▼成功体験が読書習慣を呼び寄せる

印南：源氏さん以外でいえば、小学校6年生のころ、星新一にはまってたくさん読みました。中学1年のときには、「ファンです」って年賀状も出したんですよ。でも当然ながら、お忙しい方ですから返事はこない。僕も「返事なんかあるわけがない」と思っていたんですが、2月の下旬くらいになって、「賀星新一」とだけ書かれた葉書が届いたんです。あれはうれしかったなぁ。

三浦：そういった成功体験があるのは大きいですね。僕にも、読書にまつわる強烈な成功体験があります。漫画「日本の歴史」が好きすぎてなめるように読んでいたら、小学校6年生の頃の歴史のテストで勉強せずに100点を連発することができたんです。大好きだったので、南北朝時代の楠木正成のこととか、尊王攘夷から明治維新までの流れとかを知っていたわけですが、読書は楽しいのに、役にも立つということに気がついたのは大きかった。

印南：幼少期の経験は大きいですよね。でも、本書の文庫版の編集者は、もともと活字嫌いだったそうですよ。なんでも大学時代に、文字数が少なくて軽く読める1冊の自己啓発書との出会いがきっかけで、読書へのメンタルブロックが外れて、本が好きになったとか。

三浦：いくつになっても、入り口さえ見つかれば、本が好きになるということですね。その入り口も、漫画でも、自己啓発書でも、なんでもいい。

印南：僕も、もともとは自己啓発系の本をあまり肯定的には捉えていなかったんですが、人生のどん底に近いところにいたときに、ロンダ・バーンの『ザ・シークレット』（KADOKAWA）を読む機会があって。ちょうどいいタイミングだったということなんでしょうけど、あの本にはけっこう助けられましたね。

三浦：**本には出合うべきタイミングというのがあるのかもしれませんね。**本屋にふらっと立ち寄って、なんとなく手に取った本が自分の人生を変えたという話はよく聞きますから。

印南：そうですね。アマゾンなどのネット書店で買うのは、たしかに簡単だし便利。僕も利用してますけど、ただ、本屋に足を運べば別な発見があるんですよね。たとえば僕は、近所の本屋でよく〝ジャケ買い（表紙のデザインに惹かれて購入すること）〟をしています。そうやって**普段出会えないようなジャンルの本に遭遇できるのは、リアル書店の醍醐味ですよね。**

▼子どもが読みたい本には、売れる理由がある

印南：僕がいつか集めたいと思っているのは、ポプラ社の「かいけつゾロリシリーズ」（原ゆたか著）です。あれを1巻から全部揃えたい。帯からなにから、印刷できるところには全部印刷してあったり、遊び心があるのがいい。

三浦：子どもに読まれる本というのは、相当考えてつくられていますね。いま流行っている「ふしぎ駄菓子屋　銭天堂」シリーズ（廣嶋玲子著、偕成社）にも、きっと子どもがハマる仕掛けがあるのだと思います。文響社さんの「うんこドリル」シリーズとかも相当考え尽くされていますから。

印南：子どもがおもしろいと手にとるものには、絶対理由がありますよね。

三浦：**つくり手がどこかで遊んでいるというのは重要なポイントだと思います。**昔のファミコンでも、裏技といった遊び心のあるソフトが売れていた気がします。それは本でも同じで、著者、編集者の自己満足とも思えるような遊び心を取り入れている本はおもしろい。高橋書店さんのロングセラー「なぜ？どうして？」シリーズも、読者が気にも留めないようなことが、至るところに書いてありますね。

印南：「かいけつゾロリ」のテレビ版のタイトルには、「まじめにふまじめに」とついているのですが、いい得て妙という感じがします。遊び心は大切ですね。

三浦：僕がここ数年で一番衝撃を受けたのは、コミックマーケット（コミケ）で売っている本でした。コミケはすごいとみんながいうので一度行ってみたのですが、本当にすごかった！　いい意味でわけがわからないものであふれかえっていました。女の子が絶叫している声が入っているCDが付録になっている本があったり、出版社の編集者が絶対に思いつかないようなものがたくさんあったんです。「こんなの売れるの？」と思ったのですが、そういうものに限って完売している。**売れるとか売れないとかで勝負していないからこそ、売れている現実を目の当たりにして考えさせられました。**

印南：コミケもすごいけれど、コミケに行った三浦さんの行動力もすごいですね。その発想は僕にはなかった。

▼〝NO BOOK, NO LIFE.〟ではない

印南：本も音楽も、コミケの話もそうですけど、いい意味で、バカなことを本気でやるというスタイルはかっこいいですよね。

三浦：熱意が伝わってきます。もちろん、勉強するための本は必要ですが、宝探し気分でもっと本に触れてもらいたいと思います。そのためにも、ぜひ、フローリーディングを習得していただきたい。

印南：本書でも述べましたが、僕はタワーレコードの広告に使われている〝NO MUSIC, NO LIFE.〟という言葉にはちょっと違和感があったんですよ。

僕は、「音楽なしでも生きてはいけるけど、あればもっと人生は豊かになる」という考えなので。あるとき調べてみたら、実は〝NO MUSIC, NO LIFE.〟が目指しているのも〝音楽があることで気持ちや生活が豊かになる〟ということのようなので、「なんだ、考えてることは同じだったのか」と感じたんですけど（笑）。でも、それはともかく同じことは本にもいえて、〝NO BOOK, NO LIFE.（本がなくては生きてはいけない）〟といってしまうと、本の価値を高めすぎたり、ハードルを上げてしまうように感じるんです。だから、「**あったほうが楽しい**」**くらいの気持ちで、気軽にたくさんの本に触れてもらいたい**。自分にとっての読書なんですから、自分が満足できればそれがベストだと思うんです。

三浦：もともとは〝BETTER LIFE〟くらいだったのかもしれませんね。たしかに、いわれてみると、〝NO MUSIC, NO LIFE.〟はコピーとして優れている反面、音楽原理主義といったニュアンスがなくもないですね。こと読書に関しては、もっとカジュアルに、気軽な雰囲気があっていいと私も思います。

印南：シンガーソングライターの早川義夫さんに「かっこいいことはなんてかっこ悪いんだろう」というタイトルの名作がありますけど、逆に「かっこ悪いことは、なんてかっこいいんだろう」ということが、読書とか本にいえる気がしています。**かっこいいかどうか、意味があるかどうかは、自分が決めることであって、他人が見てどうこうという問題ではないはずなのです。**

三浦：世間が格好いいと思うような本だけでなく、自分がいいと思うものを読んでみるのがいいですね。世間で評判のフランス料理みたいなのものばかり食べるのではなく、スナック菓子を食べてみるのも大切だと思います。何度もいいますけど、一度はコミケに行かれることをオススメします。こんなぶっ飛んだ発想が世の中にあるんだと思って、大いに反省しました。

（了）

三浦 崇典（みうら・たかのり）

1977年宮城県生まれ。株式会社東京プライズエージェンシー代表取締役。天狼院書店店主。小説家・ライター・編集者。雑誌「READING LIFE」編集長。劇団天狼院主宰。大正大学表現学部非常勤講師。

経営する天狼院書店は、全国に現在10書店1スタジオを展開。また、プロカメラマンとしてサービスを展開している「秘めフォト」は、現在月に15000枚撮影し6000枚納品するまでに成長している。これらはすべて「1シート・マーケティング」に基づき、事業を拡大している。

NHK「おはよう日本」「あさイチ」、J-WAVE、日本経済新聞、雑誌「週刊文春」など出演・掲載多数。雑誌「週刊ダイヤモンド」「日経ビジネス」にて書評コーナーを連載。

著書に、『1シート・マーケティング』『殺し屋のマーケティング』（以上、ポプラ社）がある。

印南敦史の書評

▶ライフハッカー［日本版］
http://www.lifehacker.jp/regular/book_to_read/

▶ニューズウィーク日本版
http://www.newsweekjapan.jp/writer/innami/

▶ WANI BOOKOUT「神は一文に宿る。」
http://www.wanibookout.com/category/culture/kamihaichibun/

▶ NewsCrunch「人生を変える一文。」
https://wanibooks-newscrunch.com/category/series-022

▶東洋経済オンライン
https://toyokeizai.net

▶サライ.jp
https://serai.jp

▶マイナビニュース
https://news.mynavi.jp

著者紹介

印南敦史（いんなみ　あつし）

作家、書評家。株式会社アンビエンス代表取締役。

1962年東京生まれ。広告代理店勤務時代に音楽ライターとなり、音楽雑誌の編集長を経て独立。

「1ページ5分」の超・遅読家だったにもかかわらず、ビジネスパーソンに人気のウェブ媒体「ライフハッカー［日本版］」で書評を担当することになって以来、大量の本をすばやく読む方法を発見。

その後、ほかのウェブサイト「ニューズウィーク日本版」「WANI BOOKOUT」「NewsCrunch」「東洋経済オンライン」「サライ.jp」「マイナビニュース」などでも書評欄を担当することになり、年間700冊以上という驚異的な読書量を誇る。

著書に『書評の仕事』（ワニブックスPLUS新書）、『読んでも読んでも忘れてしまう人のための読書術』（星海社新書）、『世界一やさしい読書習慣定着メソッド』（大和書房）、『プロ書評家が教える　伝わる文章を書く技術』（KADOKAWA）などのほか、音楽関連の書籍やエッセイなども多数。


本書は、2016年2月にダイヤモンド社より発刊された作品に、特別対談を新たに加え、加筆・修正したものである。

本文イラスト：後藤グミ
対談協力：池口祥司

PHP文庫
遅読家のための読書術
情報洪水でも疲れない「フロー・リーディング」の習慣

2021年8月13日　第1版第1刷

著　者　印南敦史
発行者　後藤淳一
発行所　株式会社PHP研究所
東京本部　〒135-8137 江東区豊洲5-6-52
PHP文庫出版部　☎03-3520-9617(編集)
普及部　☎03-3520-9630(販売)
京都本部　〒601-8411 京都市南区西九条北ノ内町11
PHP INTERFACE　https://www.php.co.jp/
組　版　有限会社エヴリ・シンク
印刷所
製本所　図書印刷株式会社

ISBN978-4-569-90150-3

PHP文庫

私の行き方 考え方

わが半生の記録

松下幸之助 著

自らの生い立ちから丁稚奉公、松下電器(現パナソニック)の創業、そして会社が進展していく昭和8年までの数多くのエピソードを交えながら事業成功の秘訣を語る半生の記。